청소년들의 진로와 직업 탐색을 위한
잡프러포즈 시리즈 38

도전을 즐기면
게임개발자

청소년들의 진로와 직업 탐색을 위한 잡프러포즈 시리즈 38

도전을 즐기면 게임개발자

이홍철 지음

TaLK SHOW

내가 게임을 통해 전하고 싶은 건,
살면서 느끼는 감정이다.

- 데이비드 케이지, David Cage **-**

손으로 10초면 충분히 할 수 있는 일을
컴퓨터로 하루 종일 프로그래밍해서 자동으로 수행할 때,
나는 더할 나위 없이 큰 행복을 느낀다.

- 더글러스 노엘 아담스, Douglas Noel Adams **-**

C·O·N·T·E·N·T·S

C·O·N·T·E·N·T·S

게임개발자
이홍철의 프러포즈

PROPOSE

혹시, 이 사진을 본 적이 있나요?

2020년 한국 프로야구의 대미를 장식했던, 꽤나 기념비적인 사진
이에요. 우승팀 엔씨다이노스가 게임 아이템인 '집행검'을 실제로
뽑아 올리면서 우승을 자축하는 장면인데, 해외 언론으로부터 '모
든 스포츠 중에 최고의 트로피'라는 찬사가 쏟아졌던 장면이었죠.

사진 속 트로피는 우승팀의 모기업인 엔씨소프트가 개발한 게임 '리니지'에 등장하는 아이템이에요. 가상현실인 게임이 현실 세계의 스포츠와 어떻게 만날 수 있는지 보여준 정말 멋진 장면이었습니다.

이처럼 게임이 모니터나 스마트폰 화면 밖으로 영역을 확장한 지는 아주 오래됐어요. 영화 <툼 레이더>, <레지던트 이블>, <페르시아의 왕자>, <몬스터 헌터>는 어떤 공통점이 있을까요? 그건 바로 게임을 원작으로 만들어진 영화들이란 것이에요. 그뿐 아니라, 게임 <바람의 나라>는 뮤지컬로 각색되어 공연되기도 했고, 게임 <문명 4>의 주제곡은 세계적으로 가장 유서 깊고 권위 있는 상인 그래미상을 수상하기도 했습니다. 게임 음악 사상 최초로 그래미상을 수상한 의미 있는 일이었어요. 게임이 문화·예술과 융합해 어떻게 새로운 문화를 만들어 가는지 짐작할 수 있는 좋은 사례들이죠.

게임 기술도 살펴볼까요? 몇 년 전에 열렸던 게임 <블레이드 앤 소울> e스포츠 대회에서는 AI(Artificial Intelligence)가 선수로 참가해 사람과 1대1 대전을 벌였어요. 그 실체가 공개되기 전까지는 아무도 AI라고 생각할 수 없을 정도로 그야말로 '사람' 같은 플레이를 보여줬죠. 이는 게임 업계가 그 어느 산업보다 빠르게 첨단 기술을 개발하고 적용했기 때문에 가능했던 일이었습니다. 그리고 여기에 그래픽 기술이 더해져 궁극에는 '디지털 액터(Digital Actor)'라고 하는 가상의 연기자를 기대해 볼 수 있을 정도예요.

이제 게임은 모든 분야와 맞닿아 있고, 문화·기술과 융합하며 새로운 것들을 창조해 나가고 있어요. 그런 과정에서 무수히 많은 기회가 생겨나고, 지금도 어디선가는 게임의 성공스토리가 만들어지고 있어요. 앞으로 게임은 지금보다 더 커지고 더 멋진 것들을 보여줄 거예요. 그리고 게임의 성공을 축하하는 그 자리에, 여러분의 자리가 마련되어 있을 겁니다.

도전해 보세요!

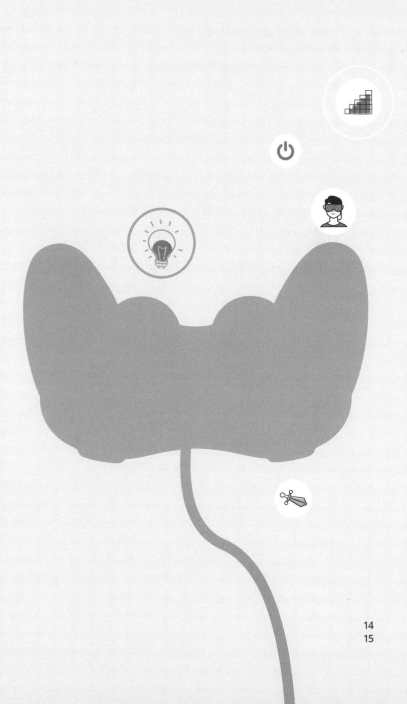

첫인사

토크쇼 편집자 - 편

게임개발자 이홍철 - 이

편 먼저 자기소개를 부탁드려요.

이 저는 엔씨소프트라는 게임 회사에서 프로젝트 관리자(PM, Project Manager)로 일하고 있는 이홍철이라고 합니다.

편 이 일을 하신 지는 얼마나 되셨나요?

이 게임 업계에 있은 지는 20년 가까이 되었고요, 프로젝트 매니저 업무를 한 지는 10년 정도 됐어요.

첫 직장은 일반 IT 기업이었어요. 그곳에서 2년 정도 근무하다가 게임 업계로 이직해서 게임 개발 업무를 계속했어요. 중간에 게임과 직접적인 관계가 없는 '한국생산성본부'라는 곳에서 4~5년 정도 있다가 다시 게임 업계로 돌아왔죠.

편 이 일을 하시게 된 계기가 있나요?

이 처음에 일반 IT 기업에서 근무했는데 그때 가장 많은 사람들이 쓰는 대용량 서버를 만들어 보고 싶다는 생각이 있었어요. 그래서 어떤 산업, 어떤 분야에서 그런 서버를 만들고 있는지 찾아봤죠. 그게 게임이더라고요. 그 교차점을 찾기 전까지는 저는 사실 게임에 흥미가 있거나 하지 않았었거든요. 그런데 제가 하고 싶은 기술적 방향이 게임에 있었기 때문에 게임 업계로 옮기게 된 거죠.

참고로 첫 직장에서 만들었던 것이 지금 '티맵(T map, 길안내 서비스)'의 전신이에요. 티맵의 원래 이름이 '네이트 드라이브'라고 하는데 그걸 만드는 팀에서 일을 했었죠.

편 전공이 토목공학인데 프로그래머로 일하게 된 계기는 무엇인가요?

이 제가 대학원에서 논문을 쓸 때 프로그래밍을 접하게 된 일이 있었어요. '매트랩(MATLAB)'이라고 하는 수치 해석 프로그램이 있는데, 다른 프로그램에서 얻은 데이터를 그 프로그램에 맞게 입력하는 작업이 필요했어요. 서로 호환이 되지 않는 두 프로그램의 데이터를 호환시켜야 하는 일이 생긴 거예요.

그런데 데이터양이 너무 많다 보니 수작업으로는 도저히 할 수 없는 일이었죠. 이걸 어떻게 해야 하나 고민이 컸는데 프로그램을 짜면 쉽게 할 수 있다는 얘기를 들었어요. 그래서 그때 처음 프로그램을 만들어 보게 됐죠.

그렇게 프로그램을 만들고 나서 이런 세계가 있다는 걸 알게 된 거죠. 마침 그때가 IT 붐이 스멀스멀 올라오던 때였거든요. 인터넷이 막 퍼져나가던 시기였죠. 전공에 필요한 건 아니었지만, 프로그램을 다룰 수 있다면 나의 또 다른 무기이자 스킬이 되지 않을까? 하는 생각에 시작을 하게 됐어요.

편 게임개발자로서의 선택에 만족하시나요?

이 네. 만족해요. 돌이켜보면 다른 일을 했더라면 못했을 경험, 다른 분야에 있었다면 지금처럼 성장할 기회를 가지지 못했을 거예요. 이 일을 하면서 질적으로, 양적으로 긍정적인 경험을 많이 쌓아온 것 같아요. 게임 회사가 아닌 곳에 있다 돌아오니까 비로소 그런 것들이 느껴지더라고요.

편 이 일을 프러포즈하는 이유는 무엇인가요?

이 단순히 게임이 주는 재미를 쫓는 게 아니라, 게임 개발에 관심 있는 청소년들이라면 적극 추천하고 싶어요.

가장 큰 이유는 기회를 가질 수 있다는 거예요. 큰 것을 얻을 수 있는 기회도 있고, 새로운 것을 시도하고 도전할 수 있는 기회가 있다는 점이죠. 이 기회를 통해서 다른 데서 찾을 수 없는 성취를 느껴 볼 수 있을 거예요. 예를 들면, 구체적으로 게임 하나 잘 만들어서 대박을 내면 일 년 만에 억대의 수입을 얻을 수 있어요. 그리고 그런 성공을 하게 되면 업계에서 평판도 높아지고 스카우트 제의도 많이 받게 되죠.

그리고 게임은 굉장히 많은 사람들의 아주 다양한 흥미를 만족시켜야 하는 공간이에요. 그것을 수용하고 원활하게 서비스하기 위한 기술력은 상상 이상으로 아주 높아요. 게임이라는 분야는 이런 높은 기술력에 도전할 수 있는 기회가 있는 거죠.

더구나 게임 개발 과제는 누군가 이렇게 만들어 달라고 요구하는 게 아니기 때문에 스스로 문제를 만들고 해답을 찾아볼 기회가 많은 멋진 분야입니다.

게임개발자의 세계

하루 일과가 궁금해요.

편 하루 일과가 궁금해요.

이 우리 회사는 자율 출퇴근제를 시행하고 있어서 출근 시간이 정해져 있지는 않은데 저는 보통 7시 전에 회사에 도착해요. 업무 시작하기 전 저만의 루틴이 있는데요, 가장 먼저 손을 씻어요. 코로나 이전부터 업무 시작 전에 손 씻는 것이 습관이었어요. 손을 씻은 다음 커피를 내리고 가능한 차분한 마음으로 책상에 앉으려고 노력해요.

제가 하는 일의 대부분은 이메일을 읽고 쓰거나, 일정을 체크하거나, 자료를 찾고 정리하는 일이에요. 거의 모든 업무를 데이터나 전자문서로 하게 되는데 아침 시간만큼은 그날 할 일을 타이핑하지 않고 직접 수첩에 적어요. 그 이유는 손으로 직접 쓸 때 생각이 더 잘되더라고요. 그렇게 정리한 후에 바로 이메일을 보내기 시작하는데 보통 업무를 시작하고 1시간 정도면 하루에 보내야 할 이메일의 절반쯤은 보내게 되는 것 같아요. 그렇게 쭉 뿌려놓는 거죠. 나머지 업무도 제가 보낸 이메일에 대한 회신에 따라 진행되는 일들이에요. 특별히 팀원들과 모이거나 하는 일은 별로 없어요.

편 프로그래머로 일할 때의 일과는 어땠나요?

이 크게 다르지 않은 것 같아요. 지금 하는 일이 이메일로 커뮤니케이션하는 일이라면 프로그래밍을 할 때는 혼자 오롯이 집중해서 프로그램을 만드는 일이었어요. 만들어야 하는 것들을 설계하고, 코딩해서 개발하고, 실행 파일을 만들어보고, 실행하면서 에러를 찾는 디버깅(debugging)*, 컴퓨터 프로그램 개발 단계 중에 발생하는 시스템의 논리적인 오류나 비정상적 연산을 찾아내고 그 원인을 밝히고 수정하는 작업 과정)을 하는 과정들이죠. 물론, 주기적으로 팀이 모여서 코드를 같이 리뷰하는 시간도 있어요.

* 디버깅(debugging) : 컴퓨터 프로그램 개발 단계 중에 발생하는 시스템의 논리적인 오류나 비정상적 연산을 찾아내고 그 원인을 밝히고 수정하는 작업 과정

게임개발자가 일하는 곳은 어디인가요?

게임개발자가 일하는 곳은 어디인가요?

이 게임 회사겠지요.^^ 그런데 재미있는 현상이 있어요. 게임 회사는 특정 지역에 몰려 입주하곤 하는데요. 최근엔 판교에 집중적으로 몰려 있어서 소위 판교 시대라 불리고 있어요. 그전에는 3N이라 불리는 주요 게임 회사들이 삼성역과 선릉역 사이 테헤란로에 몰려 있었죠.

판교테크노밸리 초입에 위치해 있는 엔씨소프트.

게임 회사에서 일하니 평소에도 게임 많이 하실 것 같아요.
게임 자주 하나요?

편 게임 회사에서 일하니 평소에도 게임 많이 하실 것 같아요. 게임 자주 하나요?

이 그런 질문도 많이 받고 그런 예상을 많이 하시는데 실상을 보면 그렇지도 않아요. 평소에 게임을 많이 하지 않고 즐기지 않는 사람도 많거든요. 저도 그런 편이에요. 저 같은 경우는 특정 게임 하나에 몰입하는 경우가 많은데 사실 그런 게임이 항상 있는 건 아니에요. 최근에는 <마구마구>라는 모바일 게임을 즐겨하고 있는데, 그 게임이 출시된 지 얼마 안 됐어요. 그전에는 좋아하는 게임이 없었기 때문에 게임을 전혀 하지 않았죠.

반면에 게임을 많이 하시는 분들도 많은데, 그분들은 정말 다양한 게임을 즐기시고 또 그러기 위해서 많은 시간과 비용을 투자하시기도 하는 것 같아요.

편 업무 시간에 게임을 하기도 하나요?

이 출시 전 만드는 과정에서는 제대로 작동하는지 확인해야 하고, 출시 이후에는 장애나 버그를 확인해야 하니까 게임을 계속 하긴해요. 하지만 게임 회사에서 게임을 한다는 건 그냥 일이에요. 업무로는 늘 게임을 하는 셈이죠.

🔳 게임을 좋아하는 사람과 좋아하지 않는 사람이 있다면 업무 능률에 차이가 있을까요?

🔳 게임을 좋아하는 입장이 아니라서 잘 모르겠지만, 게임을 좋아하는 게 도움이 될 만한 직군들이 몇몇 있는 것 같아요. 예를 들어, 개발 분야는 크게 상관없어 보이는데 기획 분야는 관련이 있는 것 같아요.

우리 회사 기획자들도 평소에 회사 게임은 물론 다른 회사 게임도 즐기는 편이거든요. 게임을 잘 알아야 좋은 게임을 기획할 수 있고, 다양한 게임 경험이 실제 중요하니까요. 하지만 개발자들은 업무와 관련 없이 순수하게 취향의 차이로 나뉘는 것 같아요.

🔳 어쨌든 업무 시간 내에 게임을 할 수 있는 거네요?

🔳 그런 셈이죠. 게임 회사 아닌 일반 회사에서 업무 시간에 게임을 한다는 건 금기 사항이지만, 게임 회사에서는 의무 사항이기도 하죠. 신입 직원이 들어오면 어느 정도 기간까지는 게임에 대한 미션이 주어지거든요.

게임 회사에서 게임을 한다는 건 업무의 일환이기도 하다.

　　예를 들어, '리니지를 일정 기간 내에 레벨 50까지 달성하세요.'라는 미션이 주어지기도 하니까요. 그래서 어떤 직원은 미션을 달성하기 위해서 피시방에 간다는 얘기도 들었어요. 피시방에서 게임을 할 경우 레벨업을 손쉽게 달성할 수 있는 혜택이 있거든요.

그동안 개발한 게임을 소개해 주세요.

편 그동안 개발한 게임을 소개해 주세요.

이 음…. 회사 규정상 게임 타이틀을 공개할 수 없어요. 간접적으로 말씀드리면 국내 최초의 MMORPG(Massively Multiplayer Online Role Playing Game) 게임의 서버 개발자로 참여했어요. 그리고 2000년대 후반까지 넥슨에서 근무할 당시의 넥슨에서 출시한 대부분의 게임 서버 개발을 담당했죠.

현재 회사인 엔씨소프트로 이직해서는 개발하는 업무를 직접 하는 것이 아니라 모든 게임에 공통으로 사용하는 게임 플랫폼을 개발 · 관리하는 PM 역할을 담당하고 있어요.

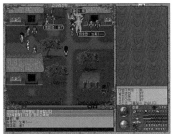

국내 최초의 MMORPG 게임인 <바람의 나라> .

가장 어려웠던 프로젝트는 어떤 것이었나요?

📧 가장 어려웠던 프로젝트는 어떤 것이었나요?

📧 지금도 생생하게 기억하고 있는 프로젝트가 있어요. 정말 어려웠던 프로젝트였거든요. 게임의 근간이 되는 구조를 모두 변경해야 하는 어려운 개발이었어요.

게임에는 플레이어가 직접 조종할 수 있는 캐릭터가 있고, 직접 조종할 수 없는 NPC(non player character)가 있어요. 예를 들면, 상점 주인처럼 게임의 원활한 진행을 위한 도우미 역할 같은 거죠. 그런데 캐릭터가 NPC로 변신해야 하는 등 그동안 게임 안에서 꽹장히 금기시되었던 시스템을 개발해야 하는 상황이 생긴 거예요. 지금은 모르겠지만 그때만 해도 캐릭터가 NPC가 된다는 것은 있을 수 없는 일로 개발자나 기획자 입장에서 보면 거의 천지개벽할 일이었어요.

그런데 그걸 바꿔야 하니 얼마나 힘들었겠어요. 게다가 마감 기한이 정해져 있어서 새로 개발할 시간은 안 되고 기존 시스템에서 가능한 많은 걸 재활용하면서 개발해야 하는 상황이었거든요. 너무 막연해서 그냥 고민만 하면서 시간이 흘러갔어요. 너무너무 어렵고 큰 벽이었어요.

그런데 어느 날 예상치도 못한 곳에서 문제를 해결할 아이디어를 얻었어요.

편 어떻게 해결했나요?

이 꿈에서 아이디어를 얻었어요.^^ 그 프로젝트는 2년 만에 가장 큰 업데이트라는 콘셉트로 광고 홍보까지 진행된 상황이었어요. 그러다 보니 온종일 그 생각만 했었던 것 같아요. 그러니 자면서도 그 문제를 생각한 거죠.

꿈속에서도 그 문제를 고민하고 있더군요. 그러던 어느 날 문제를 풀어낼 수 있는 시스템 구조가 꿈속에서 떠오른 거예요.

편 와우~ 완전 게임 같은 이야기네요.

이 그렇죠. 눈을 뜨자마자 바로 회사에 가서 적용해 봤더니 해결이 되더라고요. 실제로 모든 걸 해결하는 수준은 아니었지만, 해결의 실마리가 되어서 개발을 마무리할 수 있었어요.

가장 힘들었지만 통쾌한 경험이었죠. 너무너무 짜릿했어요. 그런데 이 경험을 주변에 이야기하면 잘 안 믿더라고요.^^

그런 경험을 하고 나서 1~2년쯤 후에 우연찮게 황농문 교수님이 쓴 『몰입』이라는 책을 보게 됐어요. 그 책에서 얘기하는 몰입은 단기간에 집중하는 것을 뜻하는 게 아니라, 한 문제를 1년 혹은 2년 동안 지속적으로 생각해나가는 개념이라고 설명하더라고요.

그렇게 몰입하다 보면 꿈에서도 해답을 찾을 수 있다는 이야기가 나와요. 그 당시 저도 2~3주를 계속 그 문제만 고민했었거든요. 제 경험하고 너무 똑같아서 반갑기도 하고 놀랍기도 했어요.

가장 성공적이었던 게임은 어떤 게임인가요?

편 가장 성공적이었던 게임은 어떤 게임인가요?

이 론칭 단계가 아주 성공적이었다고 기억되는 프로젝트가 있어요. 동남아 국가에 우리 회사 게임을 론칭하는 프로젝트였어요. 그런데 우리 회사 게임은 높은 사양의 PC가 필요했어요.

고사양의 PC가 필요하다는 의미는 데이터를 그만큼 많이 쓴다는 것이고, 네트워크 인프라도 아주 중요하다는 거예요. 하지만 해당 국가의 개인 PC 사양이나 네트워크 환경은 그 정도의 사양이 보장되지 않는 조건이었죠. 이런 열악한 조건을 극복하고 4개월 만에 현지화에 성공한 프로젝트를 꼽을 수 있겠습니다.

편 중간에 포기하거나 실패한 프로젝트도 있나요?

이 제가 참여한 프로젝트 중에는 없어요. 하지만 실제로는 중도에 개발이 중단되는 게임도 많아요.

게임 출시까지는 사내에서도 여러 단계의 허들을 넘어야 하거든요. 허들이란 것이 생각보다 넘기 힘들고 엄격해서 넘지 못하는 게임들도 생기죠.

우리 게임은 국내뿐만 아니라 글로벌로 확장해가고 있다. 뉴질랜드 출장지에서.

편 프로젝트가 중간에 중단되면 참여했던 부서원들은 어떻게 되나요?

이 대부분 사내의 다른 프로젝트로 옮겨 가죠. 회사 차원에서 유예 기간을 주는데 그 기간에 다른 프로젝트를 탐색할 수 있거든요. 아니면 각자의 판단에 따라서 다른 회사로 이직을 하는 분도 있어요.

게임개발자의 매력은 무엇인가요?

편 게임개발자의 매력은 무엇인가요?

이 개발자마다 다르겠지만, 제 경우는 계속 도전할 수 있다는 점이 가장 큰 매력인 것 같아요. 일반적인 IT기업에서는 도전이라고 할 만한 일이 사실상 많지 않거든요. 물론 요구 사항을 받아 어느 시점까지 완료하고 성과를 만드는 것을 도전이라고 부를 수도 있어요.

하지만 그것보다는 자신이 스스로 생각해서 만들어낸 것들이 예상을 뛰어넘는 결과로 돌아오는 것, 그리고 비록 실패하더라도 일을 하는 과정에서 많은 것을 얻을 수 있다면 성공만큼이나 의미 있는 도전이라고 생각해요. 다행히 저는 그런 기회가 아주 많았던 것 같아요.

그래서 게임개발자의 가장 큰 매력은 굉장히 다양한 도전을 해볼 수 있고, 도전에 대한 결과를 직접 얻을 수 있다는 점이라고 생각해요.

단점도 알려주세요.

편 단점도 알려주세요.

이 음……. 단점은 없어요.^^ 저도 처음 이 일을 시작했을 때는 단점이 많은 것 같았어요. 특히나 서버 개발자로 일하던 초기에는 게임 분야를 떠나서 다른 분야의 개발을 못 할 거라고 생각했죠. 그 냥 게임개발자로서 감수해야 하는 불이익이라고만 생각했어요. 그 런데 지내보니 전혀 그렇지 않다는 것을 알게 됐죠.

군이 단점을 꼽자면 게임에서 장애나 버그가 발생했을 때 이 용자들에게 아주 많은 욕을 먹는다는 점 정도겠네요.

편 서버 개발자들은 다른 IT 회사로 이직하기가 어려운가요?

이 아뇨. 오히려 쉽다고 할 수 있어요. 물론 클라이언트 개발자도 마찬가지죠. 게임 서버 개발자가 다른 IT 회사의 서버 개발자로 옮겨 가는 것은 자연스럽고 자유로운 일이에요.

다른 IT 회사에서 게임 회사로 옮겨 오는 것도 마찬가지로 쉬워요. 중요한 것은 개발자의 역량이 그 분야에서 필요로 하는 것과 맞느냐는 것이죠.

편 게임을 만드는 과정은 어떻게 되나요?

이 간략하게 말하면 기획 – 개발 – 검증의 3단계라 할 수 있어요. 예를 들어, 애완동물을 키우는 게임을 만든다고 하면 우선 기획자가 펫시스템을 기획하겠죠. 어떤 동물이 등장하고, 게임 안에서의 활동은 무엇이며, 게임하는 유저에게는 어떤 영향을 주는지 등을 기획하는 거죠. 그 기획안을 가지고 개발자들은 개발할 부분들을 찾아내는 거예요.

서버와 클라이언트에서 개발할 부분은 어디인지 등을 각각 맡은 영역에서 찾아 분석하고, 설계를 해요. 그렇게 개발하고 나면 기획자 의도대로 개발이 되었는지를 검증하는 거죠.

———————— ▶ **더 알고 싶어요!** ◀ ————————

서버 개발자와 클라이언트 개발자는 어떻게 다를까?

일반적으로 서버 개발이라 하면 네트워크 송수신 부분만을 생각할 수 있지만, 이것은 극히 일부분이다. 서버 개발자는 네트워크를 통해 수만 명의 사용자가 안정적으로 함께 게임을 즐길 수 있도록 도와주는 일을 한다. 게임 서버는 오류 없이 안정적으로 수만 명의 게임 로직과 데이터를 처리하고 저장해야 한다.

최근의 온라인 게임은 다수의 사용자가 동시에 같은 공간에서 게임을 하는 MMORPG나 소셜 게임이 주를 이루고 있다. 이를 위해서는 클라이언트 간의 데이터를 중계하고 제어하는 게임 서버의 성능이 매우 중요하다. 게임에서 친구 정보와 스코어 관리를 통해 랭킹 시스템을 구현할 수도 있고, MMORPG 게임 내의 캐릭터 이동과 전투, 퀘스트, 아이템 등을 처리하여 게임의 콘텐츠 로직 처리와 가상세계를 구현하는 것이다.

이러한 전반적인 진행을 서버가 담당하고, 클라이언트는 이에 대한 결과를 그래픽으로 표현하는 것이다. 사용자가 캐릭터를 조작하면 이 정보가 게임 서버로 전달되어 게임 서버 속 가상세계에서도 캐릭터가 움직이게 되는 것이니 게임 서버가 없다면 온라인 게임도 없다고 말할 수도 있다.

클라이언트 개발자는 게임의 최종 버전을 담당한다고 말할 수 있다. 아름다운 그래픽과 편리한 인터페이스 등 사용자의 눈에 보이는 모든 것을 구현해야 하기 때문에 다양한 그래픽 기술과 섬세한 작업이 필요하다. 게임 사용자가 직접 사용하는 프로그램을 개발하므로 사용자의 눈과 귀를 즐겁게 해주어야 하는 것이다. 일반적으로 '게임 프로그래밍'이라고 하면 대부분 클라이언트 개발을 떠올리는 이유도 여기에 있다.

시원한 타격감과 조작감, 화려한 마법의 놀라움, 눈을 의심케 하는 그래픽, 누구나 이해할 수 있는 손쉬운 인터페이스 등 이 모든 것이 클라이언트 개발자가 해결해야 할 과제다.

게임 장르에 따라 개발의 난이도가 달라지나요?

편 게임 장르에 따라 개발의 난이도가 달라지나요?

이 난이도를 좌우하는 것은 장르보다는 기획 내용인 것 같아요. 기획 내용이 얼마나 복잡하고 디테일하게 되어 있느냐에 따라서 난이도는 결정되는 것 같아요.

예를 들어, 보통 퍼즐 류의 게임은 개발하기 쉽고, MMORPG 게임은 어렵다고 이야기하지만 그렇지 않아요. 요즘은 퍼즐 게임도 단순하게 한 단계의 상호작용으로 끝나는 게 아니라 여러 단계로 넘어가는 게임이 주를 이루고 있거든요. 이런 정도의 퍼즐게임은 절대로 개발이 쉽지 않죠.

편 개발자도 기획 단계에서부터 같이 참여하나요?

이 초기 기획 그러니까 구상 단계부터 참여하지는 않고 게임 내에서 구현해야 하는 시스템 등이 구체화되면 그때부터 개발자들이 본격적으로 참여해요. 기획한 개발 과제들이 과연 구현 가능한지, 가능하다면 어느 정도의 기간이 필요한지 등의 판단을 하죠.

PC 게임과 모바일 게임은 개발 방향이 다른가요?

편 PC 게임과 모바일 게임은 개발 방향이 다른가요?

이 1년 전까지만 해도 많이 달랐어요. 달랐던 이유는 컴퓨터 리소스(resource)*와 네트워크 의존성 때문인데요, 모바일 게임은 아무래도 컴퓨터 리소스 사용이 자유롭지 않거든요. 또한, 화면이 작고 인풋 장치가 따로 없다는 점도 큰 제약이 되겠죠. 네트워크도 PC의 경우엔 안정적인 환경을 기대할 수 있지만 모바일은 말 그대로 단절도 많고 네트워크 간 이동이 많다는 점을 고려해야 했으니까요.

하지만 지금은 차이가 거의 없어요. 모바일 기기의 성능이 굉장히 좋아지기도 했고, 최근에는 PC가 모바일 게임의 실행 도구가 되기도 해요. 가상화 기술을 이용해 PC에서 모바일 게임을 실행시켜 놓을 수도 있고, 또 모바일로 전송을 해서 모바일 기기에서 컨트롤 할 수 있는 기술도 나왔거든요.

---

* 컴퓨터 리소스(resource) : 말 그대로 '자원'을 뜻하는 것으로 컴퓨터에서 사용할 수 있는 항목을 말한다. 예를 들어, 자동차를 움직이려면 석유가 필요하듯이 컴퓨터도 어떠한 프로그램을 실행하기 위해서는 이 리소스라는 것이 필요한 것이다. 메모리나 활용할 수 있는 데이터 등이 이에 포함된다.

최근 모바일 게임은 자동으로 플레이할 수 있는 기능을 많이 지원하고 있어요. 그런데 모바일에선 게임을 계속 자동으로 플레이하기 힘들죠. 전화도 받아야 하고, 카톡도 해야 하고…… 게임 말고도 해야 할 일이 너무 많으니까요. 그래서 PC에서 게임을 띄워 놓는 거예요. 그럼 이렇게 되는 거죠. 출근하면서 집에 있는 PC로 게임을 플레이 시켜놓고, 이동 중일 때나 회사에서 모바일로 게임 모니터링을 하면서 명령도 내릴 수 있게 되는 거죠.

편 <리니지>를 예로 들면 PC 버전도 있고 모바일 버전도 있잖아요. 같은 개발자가 개발하는 건가요?

이 모든 개발자가 같지는 않아요. 그런 게임들이 보통 동시에 출시되는 경우는 거의 없거든요. 시간 차이가 있으니까 같은 개발자가 개발하기는 현실적으로 어려워요. 하지만 리니지라서 유지되어야 하는 사항들을 유지시키려면 마찬가지로 계속 참여시켜야 하는 개발자들도 있어요.

혼자서도 게임을 만들 수 있나요?

편. 혼자서도 게임을 만들 수 있나요?

이. 네. 만들 수 있어요. 그렇게 만드는 사람들도 분명히 있고요. 그런데 게임 개발에도 트렌드가 있는데, 지금은 혼자 만들어서 성공하기는 좀 힘든 시대인 것 같아요. 처음 스마트폰이 나왔을 때만 해도 개인이 게임을 만들어서 출시하는 경우가 많았어요. 하지만 지금은 개인이 직접 서비스하지 못하고 큰 회사를 통해서 서비스하는 형태로 바뀌었거든요.

물론 지금도 개인이 출시해 앱스토어에 등록한 무수히 많은 게임들이 있어요. 다만 그 게임들은 홍보가 없기 때문에 대중의 눈에 띄기가 힘들다는 문제가 있는 거죠.

그래서 지금은 아이디어가 좋은 게임이라면 시작 단계에서부터 큰 회사를 찾아가서 투자를 받는 경우가 많아요.

어떤 유형의 개발자를 좋아하세요?

편 어떤 유형의 개발자를 좋아하세요?

이 일정을 잘 지키고 정보를 적극적으로 오픈하고 공유하는 개발자가 좋아요. 저도 열혈 개발자 시절에는 그랬지만 대부분의 개발자들은 '내 문제는 내가 해결한다', '남의 도움이 필요 없다'라는 인식이 강해요. 그래서 폐쇄적으로 일하는 경우가 아주 많죠.

하지만 개발 과정에서는 풀어야 하는 문제들이 생기기 때문에 옆에 있는 개발자도 같은 고민을 하는 경우도 많아요. 그런 고민을 서로 이야기하지 않으면 모르고 지나가는 거예요. 똑같은 고민을 각자 하고 있는 거죠. 심지어는 개발 과정에서 도출된 문제를 숨기기까지 하는 경우도 있어요. 그런데 같이 정보를 공유하고 머리를 맞대면 쉽게 고민을 해결할 수 있거든요.

게임 커뮤니티의 반응은 자주 확인하나요?

편 게임 커뮤니티의 반응은 자주 확인하나요?

이 자주 봐야죠. 늘 살펴보는 건 아니고, 게임 출시 직후나 업데이트가 이루어진 이후 많이 살펴보는 편이에요. 개발자들이 커뮤니티 반응을 살피는 이유는 아직 발견하지 못한 버그를 커뮤니티 사이트에서 악용하는 사례를 찾기도 하고, 만들어 놓은 콘텐츠에 대한 반응을 보기 위해서죠.

편 개발자에 대한 얘기도 있나요?

이 거의 불만이나 항의하는 얘기들이에요. 예전에 저도 실명으로 욕을 먹은 적도 있어요. 그 게임을 만들 당시에는 유저들과 커뮤니케이션을 잘하겠다는 취지로 개발자가 직접 개발하는 과정을 설명하기도 하고 인터뷰나 간담회까지도 진행했었거든요. 그러니까 그때는 개발자들의 실명은 물론이고, 누가 어떤 기능을 개발했는지도 알 수 있었죠.

2000년대 중·후반쯤이었는데요, 제가 개발자로 참여한 게임이 공개되었는데 일명 '랙(Latency)'이라고 하는 지연 현상이 생긴 거예요. 그것 때문에 제 이름에 대고 유저들이 서버 개발자 욕을 많이 했어요. 그런데 사실 그건 서버 랙이 아니라 클라이언트 랙이었는데 억울하게 제가 욕을 먹은 거죠. 유저들은 뭔가 느리게 움직이고 반응이 없으면 보통 서버 쪽 문제라고 생각하거든요.

📖 해명은 안 하셨어요?

이 댓글 달고 싶죠. 그런데 댓글을 잘못 달았다간 어마어마한 집중포화를 받기 때문에 감히 엄두를 내지 못하고 속으로 삭히고 말았어요.

게임 개발 과정에선 협업이 중요할 것 같아요.
커뮤니케이션은 어떻게 이루어지나요?

<img> 게임 개발 과정에선 협업이 중요할 것 같아요. 커뮤니케이션은 어떻게 이루어지나요?

<img> 커뮤니케이션이 정말 중요한데요, 한 가지 방법으로만 커뮤니케이션하기보다는 여러 가지 방법과 도구를 함께 사용하고 있어요. 그리고 가능한 정확한 정보를 가지고 커뮤니케이션하려고 해요. 그런데 기획자와 개발자는 그 정확한 정보를 전달하는 방법이 각각 달라요.

기획자와 이야기할 때는 그림과 수치가 필요하고, 개발자들과 협업할 때는 코드로 이야기하는 거죠.

<img> 협업이 잘 안돼 충돌할 때도 있나요?

<img> 많지는 않아요. 하지만 서로 추구하는 방향이 다르면 이해관계가 서로 충돌하게 되는데, 이럴 때 간혹 다툼이 생기기도 해요.

예를 들면 사업 담당자는 매출이나 비용 효율성을 추구하기 때문에 기획자가 세워놓은 게임의 근간, 시스템을 흔드는 일이 생길 수도 있어요. 하지만 기획자에겐 간단하게 보이는 것이 개발자

입장에선 전체 시스템을 수정해야 하는 문제일 경우에는 서로 충
돌하게 되는 거죠.

편 얼굴을 붉히는 경우도 있나요?

이 의견 충돌이 생겼을 때는 정말 치열하게 서로 부딪히기도 해
요. 그렇다고 싸우는 정도까지는 아니에요. 각자 자기 업무에서 추
구하는 방향을 고집할수록 더 치열해지는 것 같아요.

각자 업무 영역에 맞는 커뮤니케이션이 중요하다. 기획자와는 그림과 수치로 이야기
하고, 개발자들과는 코드로 소통한다.

'한국생산성본부'에서는 어떤 일을 하셨나요?

편 '한국생산성본부'에서는 어떤 일을 하셨나요?

이 '한국생산성본부'는 산업통상자원부 산하기관으로 저는 국가 자격을 관리하는 조직에서 일했어요. 구체적으로 IT 관련된 평가 제도를 만드는 프로젝트를 진행했죠.

영어 능력을 평가하기 위해서 토익이 있는 것처럼 IT 능력을 평가하기 위한 TOPCIT(Test Of Practical Competency in ICT)이라는 평가 제도를 만들었어요. 우리말로 읽으면 '탑싯'인데요, ICT 산업 종사자 및 SW 개발자가 비즈니스를 이해하고, 요구 사항에 따른 과제를 해결해 업무를 성공적으로 수행하는 데 필요한 기본적인 핵심 지식과 스킬, 그리고 태도에 대한 종합적인 능력을 진단하고 평가하는 제도예요. 단순히 지식이 아니라 실무적인 역량을 평가하기 위한 제도로 레벨은 5단계로 구성되어 있어요.

편 탑싯 레벨을 취득하면 실무 현장에서 도움이 되나요?

이 도움이 많이 돼요. 왜냐하면 탑싯은 합격, 불합격을 판정하는 제도가 아니라 자신의 실무적인 지식의 레벨을 측정하고 평가하는 제도여서 준비 자체가 실무적으로 도움이 될 수밖에 없거든요.

그리고 일정 점수 이상의 평가를 받게 되면 MOU를 맺은 여러 기업에서 채용 시 서류 전형을 면제하거나 가산점을 주고 있어서 직접적인 혜택도 받을 수 있어요. 최종 5단계 등급이 '창의융합형'인데 아직 이 등급을 받은 응시자는 없다고 해요.

편 개발자님도 등급이 있나요?

이 아뇨. 제도를 만들고 문제를 출제한 사람이 응시할 수는 없겠지요.^^

편 탑싯의 개발 기간은 얼마나 걸렸나요?

이 정식 서비스까지 5년 정도 걸렸어요. 현재 상황에 맞는 기술과 패러다임을 반영해 지속적으로 바꾸고 있죠. 지금은 영어 버전까지 있을 정도로 정착되었어요. 외국의 기업, 기관에서도 평가 의뢰가 들어오고 있을 정도예요.

다시 게임 회사로 돌아온 이유는 무엇인가요?

편 다시 게임 회사로 돌아온 이유는 무엇인가요?

이 게임 개발하는 과정에 프로젝트 관리 기법을 적용해 보고 여러 가지로 개선해 보고 싶었어요. 게임은 다른 분야와 다르게 독창적인 프로세스가 많은데, 여기에 프로젝트 관리를 적용시키면 얻을 수 있는 장점이 많을 거라고 판단했거든요.

편 지금 맡은 업무는 프로젝트 매니지먼트라고 하셨는데 어떤 일을 하나요?

이 직접 개발을 하는 업무는 아니에요. 게임 개발은 보통 프로젝트 단위로 정의해서 신행하게 돼요.

개별 프로젝트의 범위를 정하고, 참여하는 사람들과 그 사람들의 일정, 성과를 관리하는 게 프로젝트 매니저의 일이죠. 그러다 보니 여러 가지 프로젝트를 동시에 같이 진행하고 있어요.

IT의 최고 난도라는 '정보관리기술사' 자격증을 취득하셨는데 어떤 장점이 있나요?

편 IT의 최고 난도라는 '정보관리기술사' 자격증을 취득하셨는데 어떤 장점이 있나요?

이 기술사는 국가 기술자격등급에서 맨 꼭대기에 있기 때문에 정보관리기술사라고 하면 IT 분야 종사자들에게 이 분야 최고 전문가로 평가받을 수 있어요. 좀 과장하면 범접할 수 없는 수준으로 인정받게 되는 거죠. 사실 기술사 자격증 시험이 아주 어려워요.

시험은 필기시험과 면접으로 구성되어 있는데 필기시험은 아침 9시부터 오후 6시까지 하루 종일 써야 해요. 문제는 서술형인데 A4용지 56페이지 정도의 분량을 제출해야 하죠.

편 문제 유형은 어떤가요?

이 알고리즘을 포함해서 IT 관련된 모든 분야를 다뤄요. 특정 과목이나 과제가 정해져 있는 것이 아니라 비즈니스부터 보안까지 전체 분야에서 어떤 문제가 나올지 모르기 때문에 아주 어렵죠. 예를 들어 코드를 써야 하는 개발 과제 문제, 어떤 시스템의 보안 취약점과 그 해결 방안을 서술하라는 문제, 이러 저러한 시스템을 사업적으로 평가하라는 문제 등도 있어요.

필기시험 합격률이 전체 응시자의 1~2% 정도예요. 필기시험에 합격하면 면접을 볼 수 있는데, 면접은 업계의 최고 전문가 3명이 전문적인 질문을 해요. 면접시험의 합격률은 필기시험 합격자의 절반 정도만 합격하는 수준이에요.

우리 회사 임직원이 4,000명인데 정보관리기술사가 4명뿐이고 모든 게임 회사를 통틀어서 10명이 되지 않을 거예요.

편 자격증 시험에 도전한 계기가 있나요?

이 어느 날 1년 선배가 찾아와서 감리사 자격증을 땄다고 하는 거예요. 감리사를 찾아보니 어려운 자격증이더라고요. 그러나 기술사보다는 쉬운 시험이에요.^^ 물론 감리사 시험도 어렵지만 객관식 문제로 출제되거든요. 그래서 더 따기 어렵다는 기술사에 도전해서 그 선배에게 자랑하고 싶어서 바로 준비를 시작했어요.

편 회사 다니면서 자격증을 취득하신 건데 그 과정이 힘들지 않았나요?

이 너무 힘들었어요. 회사 일과 기술사 시험 이외는 모든 걸 포기했어요. 심지어 회사 화장실에서도 공부했어요.^^ 화장실에 갈 때 공부할 수 있는 자료를 가지고 간 거죠. 하여튼 업무 이외의 모든 시간을 기술사 시험 준비에 투자했어요. 회사일과 기술사 시험 준비만 하다 보니 인간관계에서 꽤 많이 손해 보기도 했지만, 다행히 시험 마치고 모든 관계가 회복되었어요.^^

아내도 전적으로 지원해 줬어요. 아들이 많이 어렸을 때라 육아만으로도 힘들었을 텐데 아무것도 신경 쓰지 않고 공부만 할 수 있게 배려해 줬죠. 자격증을 취득했을 때 다 같이 기뻐했어요. 그 고마움을 좀 표현하고 싶은데 방법이 없더라고요. 아내는 물욕이 워낙 없어서 선물을 바라지도 않고, 아들은 또 어려서 바라는 게 없고……. 살면서 계속 갚아야 할 고마움인 것 같아요.

편 기술사 자격증이 연봉 인상에 반영되기도 하나요?

이 네, 모든 회사에서 반영되는 건 아니지만, 주로 대기업에서 매월 자격수당을 받거나 취득했을 때 취득수당을 받기도 해요. 그뿐만 아니라 기술직이나 연구직 공무원을 경력직으로 채용할 때 기술사 학위가 있어야 하는 경우도 있고요.

업무를 수행하는 과정에서
가장 신경 쓰는 것은 무엇인가요?

[편] 업무를 수행하는 과정에서 가장 신경 쓰는 것은 무엇인가요?

[이] 게임개발자로 일할 때는 버그가 없는 게 최선이었어요. 프로젝트 매니지먼트로 일하고 있는 지금은 일정이에요. 정해진 일정 안에 목표한 품질로 마무리하는 거죠.

일정을 맞추지 못할 우려가 있는 경우에는 보통 개발 범위를 축소하는 방식으로 대처해요. 일정 단축을 위해서 많은 사람을 투입하면 되지 않겠냐고 쉽게 생각할 수도 있지만 인력이 추가로 투입되면 그만큼 커뮤니케이션의 복잡도가 늘어나고 비용도 증가하기 때문에 오히려 생산성에 역효과만 주거든요. 그래서 인력 투입보다는 범위를 축소하는 방식을 선호하고 있어요.

[편] 일정이 어긋난 적은 없나요?

[이] 네. 일정이란 절대 움직이지 않아야 일정이기 때문에 어긋난 적은 없어요. ^^

게임개발자로 일하면서 어려운 점은 무엇인가요?

편 게임개발자로 일하면서 어려운 점은 무엇인가요?

이 게임 개발하면서 특별히 어렵다고 느낀 점은 없는 것 같아요. 그런데 게임 산업에 대한 부정적인 인식이나, 게임이 예상치 않게 만들어 낸 부정적인 현상들을 보면 마음이 편치 않아요.

한 번은 이런 일이 있었어요. 명절에 친척 집에 갔는데 분위기가 너무 살벌한 거예요. 명절 분위기가 전혀 아니었죠. 알고 보니 초등학생인 조카가 부모 계정으로 게임을 하다가 큰돈을 결제했던 게 발각됐던 거예요. 그런데 하필 그 게임이 우리 회사에서 개발하고 서비스하고 있던 게임이었던 거죠. 직접적인 원망을 듣지는 않았지만 눈초리가 곱지 않았죠.^^

이 일을 하면서
좌절감을 느끼거나 포기하고 싶었던 순간이 있나요?

편 이 일을 하면서 좌절감을 느꼈거나 포기하고 싶었던 순간이 있나요?

이 아주 많았죠. 게임 개발 회사에는 소위 능력자가 너무 많아요. 저도 웬만큼 수준은 된다고 생각했었는데 나중엔 내가 이런 사람들하고 같이 일할 수 있을까 싶을 정도로 수준 높은 능력자가 아주 많았어요.

이런 일도 있었어요. 개발자로 일할 때인데 아무리 고민해도 개발할 수 없는 게 있어서 팀장님께 의견을 구한 적이 있거든요. 팀원이 의견을 구하면 관련 사항을 물어보면서 문제도 정의하고, 순차적으로 해결 방안을 찾는 게 보통이잖아요. 그런데 그 팀장님은 아주 잠시 먼 산을 보며 생각하더니 바로 키보드를 두드려서 코드를 만들더라고요. 저라면 한참 쓰고 그림까지 그려야 생각해 낼 만한 코드를 말이죠. 그러고는 한 마디 하시는 거예요.

"이렇게 하면 되네요."

와~ 그때 좌절을 경험했어요. 그런 비슷한 경험을 몇 번 더 하면서 정말 고수들이 많다는 것을 알게 되었죠.

여행은 스트레스 해소에 도움이 된다. 가족과 함께 한 설악산 여행.

편 슬럼프가 오면 어떻게 해결하나요?

이 잠시 일상과 거리를 두는 거죠. 휴가를 간다든지, 여행을 간 다든지, 머리에서 일을 비워 놓으려고 해요. 그렇게 조금 떨어지는 시간을 가지면 객관적으로 일을 볼 수 있는 시각이 생기면서 슬럼 프에서 빠져나오는 것 같아요.

성취감을 느꼈을 때는 언제인가요?

편 성취감을 느꼈을 때는 언제인가요?

이 미담이라고 할 수 있는데요. 2~3년 전에 우리 회사로 편지가 한 통 온 적이 있어요. 외국에 있는 분이었는데 몸이 불편해서 원활한 사회생활을 하지 못해 우울감에 빠져 있었다고 하더라고요. 그런데 우리 게임을 하면서 온라인상이었지만 여러 사람과 소통하고 간접적인 사회생활을 하며 마음이 치유되었다는 내용이었어요.

이런 소식을 듣게 되면 정말 뿌듯해요.

편 게임은 게임을 하는 사람이 어떻게 사용하느냐에 따라 달라지는 것 같아요.

이 맞아요. 게임은 우리가 살아가면서 사용하는 여러 도구 중에 하나라고 생각해요. 그런데 가끔 주객을 전도시켜서 게임과 현실을 바꿔서 사는 사람들도 있는데, 그런 건 정말 주의해야 할 것 같아요. 내가 즐길 수 있는 게임이 되어야 하지, 거기서 헤어나오지 못하는 게임은 이미 게임이 아닌 거죠.

스트레스는 어떻게 해소하나요?

편 스트레스는 어떻게 해소하나요?

이 스트레스를 완전히 해소하는 묘약은 없기 때문에 예방이 중요한 것 같아요. 일정과 목표 관리를 평상시처럼 유지하고 특별한 상황을 만들지 않는 게 스트레스를 예방하는 좋은 방법이죠. 그래도 스트레스를 받아 해소해야 한다면 하루 이틀 휴가를 내요. 그리고 혼자 영화관에서 가서 하루 종일 영화를 봐요.

업무를 하면서 받는 스트레스의 종류는 너무 다양하지만, 아무래도 사람 간의 관계에서 스트레스를 많이 받는 것 같아요. 자기 입장을 고집하면서 생기는 충돌이 있을 때 가장 많이 받죠.

시간이 날 때는 어떤 일을 하나요?

편 시간 날 때는 어떤 일을 하시나요?

이 아주 다양한데요. 멍 때리기,^^ 피아노 연주도 하고, 영화도 봐요. 사내에서 운영하는 명상 특강이 있어서 명상도 하고요.

편 요즘 주요 관심사는 무엇인가요?

이 여러 가지예요. 캠핑, 명상, 피아노, 그리고 제 아들도 있네요. 아들이 최근에 왜 공부해야 하는지 모르겠다, 왜 살아야 하는지 모르겠다는 이야기를 하더라고요. 중학교 1학년이라 사춘기여서 그런 건지, 사춘기와는 별개로 진심으로 철학적 고민을 하고 있는 건지 관찰하고 있어요.

저도 모르는 질문을 받아 당황스러워하고 있는 중이에요.

게임개발자로서
성공할 수 있는 팁이 있다면 알려주세요.

📧 게임개발자로서 성공할 수 있는 팁이 있다면 알려주세요.

📧 음… 제가 게임개발자로 성공했는지는 잘 모르겠어요. 그리고 성공이라는 목표보다 더 중요한 건 과정에 있다고 생각해요. 그래서 질문을 바꿔 게임개발자로 성공적인 삶을 살아가는 방법에 대해 이야기해 볼게요.

항상 단계적인 목표가 있어야 한다고 생각해요. 그리고 각 단계마다 궁극적으로 내가 무엇이 되고 싶은가, 무엇을 이루고 싶은가에 대한 가시적인 목표가 있어야 성공할 수 있다고 생각해요. 예를 들면 프로그래머로서 성공한다는 막연한 목표보다는 내가 프로그래머로서 어떤 수준에 도달할 것인지, 무엇을 만들 것인지, 돈을 얼마나 벌고 싶은 것인지 등 구체적인 목표를 세우는 거죠.

그리고 그 목표에 도달하기 위해 밟아나가야 하는 단계를 세부적인 목표로 설정해 놓고 하나하나 밟아나가는 게 중요한 거죠. 그러다 보면 설정한 목표가 틀렸거나 수정하는 경우도 생길 거예요. 하지만 틀렸다거나 수정해야 한다는 것도 가시적인 목표가 있어야 가능한 것이거든요.

결국 보다 큰 그림으로 궁극적으로 하고 싶은 게 뭔지 분명히 생각하고 그 목표에 도달할 수 있는 세부적인 목표를 설정해 나가는 게 중요한 것 같아요.

게임 개발자란

게임개발자라는 직업에 대해서 소개해 주세요.

편 게임개발자라는 직업에 대해서 소개해 주세요.

이 게임개발자를 넓은 의미로 정의할 수 있고, 좁은 의미로도 정의할 수 있는데요. 좁은 의미라 하면 게임 프로그래머를 지칭할 수 있겠고, 넓은 의미라고 하면 게임을 개발하는데 함께 일하는 모든 사람들이라고 할 수 있어요.

프로그래머뿐만 아니라 아트에 관련된 직군, 즉 디자이너도 포함되고, 게임 기획자, 사업 담당자, 품질 관리자 등도 있죠. 그리고 게임을 여러 나라에 서비스할 때는 현지화 담당자도 있어요. 하나하나 열거하기 힘든 만큼 다양한 일들을 하고 있다고 할 수 있어요.

편 프로그래머에 대해 좀 더 자세하게 설명해 주세요.

이 크게 클라이언트 프로그래머, 서버 프로그래머로 나눌 수 있어요. 클라이언트 프로그래머는 실제 사용자들이 쓰는 게임 프로그램을 만드는 사람이에요. 주로 사용자의 PC 환경에서 그래픽 인터페이스가 있는 프로그램을 만들죠. 서버 프로그래머는 사용자가 사용하는 클라이언트 프로그램과 상호작용하는, 일명 '백엔드

(BACK-END)* 프로그램'을 만들어요.

편 두 영역은 나눠져 있나요?

이 네, 업무상 나눠져 있어요. 역할이 나눠져 있긴 하지만 서로 간에 전직을 못하는 정도는 아니에요. 개발 조직에서는 클라이언 트 개발팀, 서버 개발팀으로 구분되어 있는 게 보통이죠.

* 백엔드(BACK-END) : 용어 자체에서 알 수 있듯이, 백엔드는 웹사이트나 웹 애플리케이션 또는 모바일 솔루션의 프로세스와 관련된 서버 측(server-side)과 데이터베이스를 관리해 주는 테크놀로지이다. 프런트엔드가 눈에 직접적으로 보이는 영역이라면, 백엔드는 눈에 보이지 않는 서버에서 작용하는 기술을 다룬다.

구체적으로 어떤 일을 하나요?

편 구체적으로 어떤 일을 하나요?

이 게임 개발을 할 때는 보통 소수의 인원으로 시작하다가 점점 게임의 형태가 갖춰지면서 많은 인원이 참가하게 돼요.

보편적으로 게임을 구상하는 사람이 게임의 개념을 잡아요. 개념이란 건 게임에 대한 큰 그림이라고 이해하시면 될 것 같아요. 그다음 게임 기획자가 조금씩 세분화해서 구체적으로 게임을 만들어 가게 돼요.

이 단계에서 아트 또는 디자인 관련 분야가 참여해서 게임에 대한 이미지를 형상화하는 작업을 해요. 아무래도 눈에 보여야 서로 간에 커뮤니케이션도 용이하고 기획이나 개발이 적절하게 진행되는지 쉽게 이해할 수 있겠죠. 이 단계에서 프로토타입*을 만들어서 초기 검증을 하기도 하는데, 서버 없이 클라이언트에서만 구동되며 게임의 맛보기 수준을 확인하는 단계예요.

* 프로토타입(prototype) : 적절한 한국어 표현은 '시제품'이라 할 수 있다. 오리지널, 또는 베이스가 된 모델, 대표적으로 제시할 수 있는 예가 되는 모델, 종류의 기초가 되는 모델, 양산형으로 제작되기 전에 미리 제작해 보는 모델 등을 지칭한다.

그 후 점점 개발이 진행되면서 서버도 붙게 되는 거죠. 게임이 출시되려면 사업적 분석이 필요하기 때문에 사업 조직도 합류하게 되는데 합류 시점은 처음일 수도 있고, 중반부일 수도 있어요. 시기는 상황에 따라 자유롭게 결정돼요. 마지막으로 출시가 임박하면 필요한 품질 관리를 위해서 QA라고 하는 부서가 참가하게 돼요.

편 큰 그림이라는 것은 회사의 높은 분이 예를 들어, 이번에 좀비 게임을 만들어 보자라고 명하는 그런 수준인가요?

이 작은 규모의 회사라면 그럴 수도 있는데 좀 더 정확히는 윗분들이 그런 그림을 그리지는 않아요. 그런 역할이 세분화되어 있어서 윗분들은 경영만 하시죠.^^

최초의 컴퓨터 게임은 무엇인가요?

[편] 최초의 컴퓨터 게임은 무엇인가요?

[이] 최초의 컴퓨터 게임이라고 하면 의견이 분분해요. 왜냐하면 최초의 컴퓨터가 무엇인지부터 의견이 갈리거든요. 진공관 컴퓨터부터 봐야 하느냐 그런 문제죠. 보편적으론 1960년대 출시된 테니스 게임을 최초의 컴퓨터 게임이라고들 해요. 모니터 옆에 다이얼을 돌리면서 플레이하는 게임인데, 이 게임을 최초의 컴퓨터 게임으로 보는 의견이 많은 것 같아요.

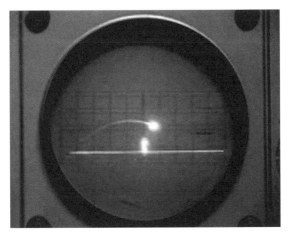

최초의 컴퓨터 게임으로 평가받는 <테니스 포 투(Tennis for Two)>

여기서 잠깐 게임의 역사나 흐름을 살펴볼게요. 우리가 지금은 컴퓨터 게임이라고 하면 PC 게임, 모바일 게임만 이야기하는데 사실 오락실도 컴퓨터 게임이거든요. 오락실이 컴퓨터 게임 산업의 큰 줄기 중 하나였어요. 컴퓨터 게임 산업이 활성화되는 시기에는 아케이드 게임이라고 불리며 큰 분류를 차지했죠.

그다음에 콘솔 게임이라고 해서 플레이 스테이션, 엑스박스처럼 집에서 하는 작은 게임기가 등장했고 그러다가 네트워크가 들어가면서 PC, 모바일 게임으로 변모해 온 거예요.

우리나라의 유명한 게임개발자는 누구인가요?

편 우리나라의 유명한 게임개발자는 누구인가요?

이 대중적으로 가장 유명한 분은 김정주 넥슨 회장님이죠. 이 분은 넥슨을 만들기도 했지만 초창기에 개발자였어요. 서버 프로그래머였죠.

그다음 디렉터로 이은석이란 분이 유명해요. 디렉터란 게임 초기 기획을 하는 사람으로 영화로 치면 영화감독의 역할이에요. 이은석 씨는 최근 <야생의 땅 듀랑고>라는 모바일 게임을 출시하며 업계에 신선한 충격을 줬어요. 비록 흥행엔 실패했지만요.

편 게임개발자로 활동하는 사람은 얼마나 될까요?

이 정확한 통계 수치는 모르겠지만 수만 명 이상일 것 같아요. 성비로 보면 남자 개발자들이 더 많긴 한데 여자 개발자들도 많이 있어요.

게임개발자라는 직업은 언제 생겼나요?

편 게임개발자라는 직업은 언제 생겼나요?

이 이것도 불분명해요. 처음 게임을 개발할 때는 상업적 접근이 아니었거든요. 게임을 상업적으로 연결한 시기로 볼 때 1970, 1980년대부터로 보면 될 것 같아요. 이때부터 아케이드 게임, 홈 게임류를 만들어서 판매하는 사람들이 등장했거든요. 그러다가 1990년대부터 온라인 게임이 등장하게 됐죠.

게임개발자는 좁은 의미로 프로그래머를 지칭하지만, 넓은 의미로는 게임을 개발하는데 함께 일하는 모든 사람들이다.

게임개발자와 그 외 분야의 개발자는
어떤 차이가 있나요?

편 게임개발자와 그 외 분야의 개발자는 어떤 차이가 있나요?

이 먼저 기술적인 측면에서 보면 특히 클라이언트 프로그래밍 쪽이 다른 개발 분야와 많이 다른 것 같아요.

게임 쪽은 일단 사용자에게 보여주는 부분이 아주 중요해요. 그래서 다른 분야보다 더 화려하고 임팩트 있게 표현해 줘야 해요. 그리고 개발 환경 면에서 보면 다른 분야와 달리 물리 엔진을 많이 사용하는 특징이 있어요. 2차원을 3차원으로 만드는 일종의 그래픽 엔진인데 그 의존도가 아주 높죠.

또 다른 면에서 생각해보면 게임개발자가 실무적인 부분에서 자유도가 높고, 도전적인 부분이 많아요. 다른 분야는 개발 요청 사항이 굉장히 명확하고 좁아요. 그러나 게임은 요구사항 자체가 폭이 넓고 다양하기 때문에 그것을 개발하는 방법과 노력이 좀 더 창의적이고 도전적일 필요가 있는 거죠.

게임개발자에게 필요한 역량은 무엇인가요?

편 게임개발자에게 필요한 역량은 무엇인가요?

이 게임개발자에게만 필요한 역량이라기보다는 게임을 개발하기 때문에 좀 더 많고 깊게 필요한 역량은 있어요. 그것은 바로 끈질김과 집요함이에요.

다른 것을 선택할 대안 없이 주어진 환경 안에서 끝끝내 해결책을 찾아야 하는 상황이 많기 때문에 중간에 포기하지 않고 실망하지 않는 끈질김과 집요함이 필요해요.

편 수요는 많은가요?

이 지금도 많고 앞으로도 많을 것 같아요. 게임은 이제 특정 국가만이 아닌 전 세계인을 대상으로 하는 글로벌 서비스예요. 따라서 멋진 게임을 만든 나라도 굉장히 많아졌고 개발자들도 많이 필요로 하죠. 스타크래프트를 개발한 블리자드란 회사가 있는데요. 그 회사에 가면 정말 다양한 나라에서 온 개발자들이 모여 있어요. 특히 한국인 개발자들도 해마다 늘어나고 있죠. 특별히 한국인 게임 개발자를 찾기도 하는데 왜냐하면 우리나라의 게임 개발 역량이 다른 나라보다 앞서 있기 때문이죠.

편 우리나라의 게임 인구가 많아서 한국인 개발자를 찾는 건가요?

이 아니요. 그것보다는 한국 게임이 여러 면에서 앞서 있는 수준이라고 평가를 하고, 그 높은 수준을 경험한 개발자를 찾는 거예요. 여기서 개발자는 넓은 의미의 게임개발자라고 보시면 돼요. 프로그래머, 기획자, 디자이너 등 전 분야에 걸쳐서 수요가 있는 것 같아요.

미래에도 필요한 직업인가요?

편 미래에도 필요한 직업인가요?

이 현재보다 미래에 더 필요할 것 같은데요, 그 이유는 게임 산업이 사회에서 가지는 위치와 관계가 있다고 생각해요. 게임 산업 초창기에는 산업으로 인정받지 못했어요. 아이들이나 청소년들이 하는 놀이 정도로 본 거죠.

하지만 지금은 게임 산업과 협업하는 산업도 굉장히 많아졌어요. 그리고 산업 종사자들의 필요한 역량도 과거와 비교할 수 없을 정도로 높아지고 있기 때문에 아주 전도 유망하고 모든 산업으로 확장될 가능성이 높은 산업이라고 생각해요.

편 다른 분야로 진출이 가능한가요?

이 가능하죠. 게임과 연관된 분야의 진출은 물론이고 최근에는 글로벌 IT 기업으로 진출하는 사례가 점점 많아지고 있어요

게임개발자가
되는 방법

게임개발자가 되는
일반적인 방법은 무엇인가요?

편 게임개발자가 되는 일반적인 방법은 무엇인가요?

이 학교에서 게임을 전공하고 입사하는 경우도 있긴 해요. 하지만 게임 학과가 있는 학교도 드물고 실제 게임 개발사에서 근무하는 개발자들을 보면 비전공자의 비율이 높아요.

채용 과정을 봐도 전공은 물론 학력도 보지 않는 경우가 많기 때문에 자신이 게임 개발사에서 근무하기 위해 필요한 지식과 실력을 준비하는 게 필요한 거죠. 물론 IT 관련된 학과 예를 들어, 컴퓨터공학과를 전공하면 좀 더 유리한 것은 사실이에요. 그러나 그런 전공을 이수하지 않아서 개발자가 될 수 없는 것은 절대 아니라는 거죠. 다시 말하면 관심을 가지고 스스로 노력해 필요한 지식과 실력을 쌓으면 되는 거예요.

독학으로도 가능한가요?

편 독학으로도 가능한가요?

이 충분히 가능해요. 실제 개발자 중에는 독학으로 준비한 분들도 아주 많아요. 저도 독학으로 공부했어요. 저 같은 경우는 대학원에서 논문을 쓸 때 도움을 받기 위해서 처음 프로그램에 관심을 가지게 되었어요. 서점에서 관련 책을 구입해서 공부했는데 책의 처음부터 본 것도 아니에요. 당시 저에게 필요한 부분만 딱 골라서 읽었어요.

요즘은 혼자 공부할 수 있는 자료들이 많으니 직접 코딩을 해보는 것도 좋을 것 같아요.

편 학원에 다니는 것이 도움이 되나요?

이 도움이 안 되지는 않겠지만 굳이 필요하다고 생각하지는 않아요. 왜냐하면 학원을 다니지 않아도 공부할 방법은 많거든요. 중요한 건 배우는 것보다 직접 해 보는 건데, 요즘은 그럴 수 있는 카페, 동호회 같은 데서 함께 개발할 팀을 찾기도 쉽고, 또 그런 팀에서 만든 결과물들을 보면 꽤 수준 높은 것들도 많아요.

게임 개발사에 입사하기 위해 필요한 스펙은 어느 정도인가요?

📭 게임 개발사에 입사하기 위해 필요한 스펙은 어느 정도인가요?

📭 학벌이나 자격증이나 어학성적 같은 스펙은 별로 중요하지 않아요. 실제 개발자들 중에는 중졸, 고졸 출신 분들이 많아요. 그러니까 그 사람이 어떤 학교에서 어떤 공부를 했는지 보는 게 아니라 게임을 개발할 능력이 있는지를 평가하기 때문에 회사에서 필요한 능력이 있다는 점을 증명할 수 있어야 해요. 예를 들어 내가 다룰 수 있는 프로그래밍 언어는 무엇이고, 그 언어로 어떤 것을 만들었는지를 보여줘야겠죠.

📭 실기 시험도 있나요?

📭 실기 시험도 있고 과제도 있어요. 과제 같은 경우에는 며칠의 기한을 주고 풀어오라고 하기도 해요. 실기 시험이 실제 개발하는 능력을 평가하는 거라면 면접시험은 개발 전 단계에서 필요한 분석과 설계 능력을 평가하는 거예요.

얼마나 논리적 사고를 하는가? 문제 해결 능력이 있는가? 등의 종합적인 사고 능력을 중요하게 보는 것 같아요.

편 처음부터 클라이언트 분야와 서버 분야를 구분해서 공부해야 하나요?

이 한 쪽에만 관심이나 목표가 있다면 분야를 선택해서 공부하는 것도 효율적일 수 있겠죠. 하지만 권하고 싶지는 않아요. 왜냐하면 개발 경험이 쌓이다 보면 다른 분야에 관심을 가질 수도 있거든요. 클라이언트 분야에서 서버 분야로 관심이 확대될 수도 있고, 그 반대도 가능하죠.

심지어는 데이터베이스 분야로 옮겨가는 경우도 있어요. 그러니 처음부터 한쪽 분야를 목표로 해서 준비하기보다는 보편적으로 준비하는 편이 더 좋을 것 같아요.

학창시절에 어떤 준비를 하면 좋을까요?

편 대학생이라면 어떤 준비를 하면 좋을까요?

이 프로젝트를 경험하는 게 좋을 것 같아요. 여기서 프로젝트라는 것은 어떤 게임을 만들지 구상하는 것에서부터 실제 게임을 개발해서 다른 사람이 플레이할 수 있는 데까지 개발해 보는 것을 의미해요. 혼자서 처음부터 끝까지 다 해볼 수도 있고, 뜻이 맞는 사람들끼리 모여서 할 수도 있는데 모여서 해보는 것을 더 추천해요.

최근엔 실제 프로젝트에 도전해 볼 수 있는 기회도 학교 내외로 많은 걸로 알고 있어요. 이렇게 프로젝트에 참여하는 경험이 다른 공부보다 더 좋은 것 같아요.

편 중·고등학생은 어떤 준비를 하면 되나요?

이 중·고등학생이라면 특별히 준비를 하지는 않았으면 좋겠어요. 진로를 특정해서 준비하기보다는 어떤 진로직업이 있는지 폭넓게 알아보고 다양한 경험을 하는 게 더 필요할 것 같아요.

영어를 잘해야 하나요?

편. 영어를 잘해야 하나요?

이. 영어를 잘하지 못해도 개발자가 되거나 개발 실무에서 어려움은 없을 거예요. 그러나 영어를 잘하게 되면 잘하는 만큼은 도움이 돼요. 예를 들어, 최근 구글이나 아마존 같은 글로벌 기업들이 국내에 진출하며 활발하게 국내 개발자들을 채용하고 있거든요. 이럴 때 영어 소통 능력이 있다면 도움이 많이 되겠죠. 또 해외에 있는 회사에서 일하려면 영어는 필수니까 그런 기회를 가질 수도 있겠죠.

편. 유학이 필요한가요?

이. 게임개발자 입장에선 유학은 그냥 선택의 문제인 것 같아요. 큰 의미는 없어 보이네요.

어떤 자질을 갖추어야 하나요?

편 어떤 자질을 갖추어야 하나요?

이 상황에 따라 유연하게 대처할 수 있는 자질이 필요해요. 예를 들면 상황을 분석해서 정확한 대응을 해야 하는 때는 분석적인 사고로 대처하고, 통찰력으로 큰 그림이나 큰 방향을 결정해야 할 때는 거시적인 안목으로 대처하는 그런 자질이 필요하죠.

분석적인 사고와 더불어 유연한 사고가 필요하다.

게임개발자를 꿈꾸는 청소년에게 이것만은 꼭 준비해라! 라는 것이 있다면요?

편 게임개발자를 꿈꾸는 청소년에게 이것만은 꼭 준비해라!라는 것이 있다면요?

이 꼭 한 가지를 당부하기보다는 폭넓은 경험과 다양한 독서를 권하고 싶어요. 특히 인문학이나 철학 서적을 강추하고 싶어요. 왜냐하면 인문학은 단순한 정보를 얻는 것이 아니라 생각할 수 있는 기회를 많이 주기 때문이에요.

생각할 수 있는 기회를 가지고 깊고 많이 사고하는 것을 생활화한다면 개발하는 과정에서 도움이 많이 될 것 같아요.

게임개발자가 되면

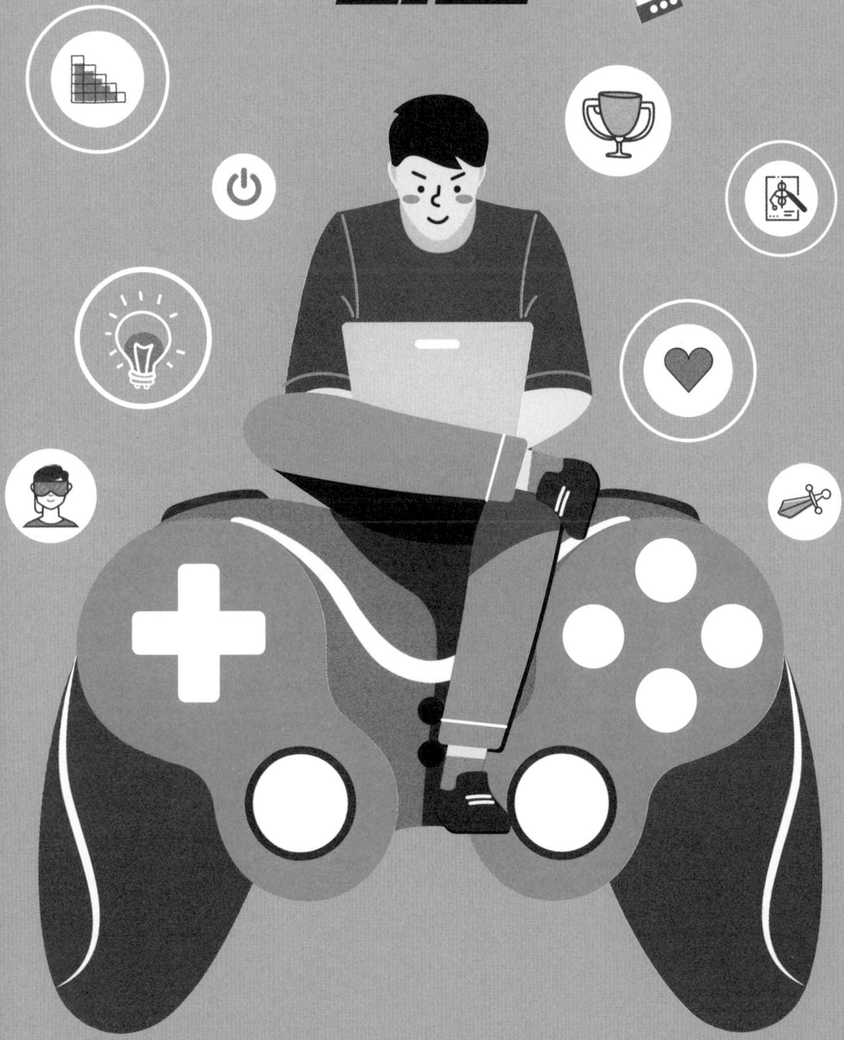

연봉은 어느 정도인가요?

편. 연봉은 어느 정도인가요?

이. 우리 회사의 경우 대졸 초임 기준으로 4,000만 원대로 알고 있어요. 일반 IT 기업은 물론 다른 게임 개발사와 비교해도 적지 않은 금액이에요.

연봉은 철저하게 능력에 좌우되기 때문에 연봉 테이블이 있거나 직급별로 따로 정해져 있지는 않아요. 실제로 팀장보다 연봉을 많이 받는 팀원도 아주 많아요. 물론 직급이 상승하면 보상되는 수준으로 인상되긴 하는데 최근에는 직급체계도 없어지는 추세여서 의미가 별로 없죠.

편. 인센티브도 많이 받나요?

이. 네. 다른 업계에 비해서 게임 업계는 인센티브를 받을 수 있는 기회도 많고 다양해요. 게임을 출시하면 출시했다는 것만으로도 인센티브를 받기도 하고, 출시 이후 흥행 성적에 따른 인센티브를 받기도 하고요. 우리 회사는 최근 가장 크게 흥행에 성공한 게임의 경우 억대의 인센티브를 받았다는 분들도 많았어요. 연봉보다 많은 인센티브를 받을 수도 있는 거죠.

인센티브는 개발에 참여한 모든 사람들이 받아요. 같은 팀이 아니더라도 게임 개발에 참여한 다른 팀원들도 받게 되는 거죠. 인센티브 비율은 조금 다를 수 있겠지만요. 주식으로 받는 경우가 있기도 한데, 그건 회사에 기여한 정도가 아주 커야 받게 되는 것 같아요.

편 높은 인센티브를 받게 되면 더욱 열심히 일할 마음이 생기겠네요.

이 물론이죠. 그런데 큰 금액의 인센티브를 받고 난 후 다른 회사로 이직하는 경우도 종종 있어요. 성취감을 느끼고 나면 새로운 환경에서 또 다른 도전을 하고 싶은 마음이 표출되는 것 같아요.

직급 체계는 어떻게 되나요?

편 직급 체계는 어떻게 되나요?

이 게임 회사 대부분은 직급 체계가 없을 거예요. 수평적인 개발 문화를 지향하기 때문에 직급을 없애는 추세인 것 같아요. 우리 회사도 3년 전 쯤에 모든 직급을 없앴어요.

편 직급이 없으면 호칭은 어떻게 하나요?

이 그냥 이름에 '님'을 붙여요. 우리 회사 사장님 성함이 김택진인데, 사내에서는 택진 님으로 부르는 거죠. 대학을 갓 졸업한 신입 사원도 사장님을 만나면 택진 님이라 불러요. 반대로 사장님도 신입 사원의 이름에 님을 붙여 호명하시죠.^^

처음엔 아주 어색했어요. 그런데 지금은 잘 정착이 되어서 직급에 상관없이 자유롭게 의견을 나눌 수 있고 의사결정도 할 수 있는 분위기가 되어 가는 것 같아요.

복지 수준은 어느 정도인가요?

▣ 복지 수준은 어느 정도인가요?

▣ 다른 회사는 잘 모르겠고 우리 회사를 예로 설명하면 현실적인 복지가 잘 갖춰져 있는 것 같아요.

일단 회사 안에 병원이 있어요. 물론 각 과별로 전문의가 있는 것은 아니고 한 명의 의사가 종합적으로 봐주고 있어요. 직원들이 병원을 찾는 이유 중 대부분이 거북목, 허리 디스크, 손목 터널 증

엔씨소프트는 복지 시설이 좋기로 유명하다. 사내 행사에서 엔씨다이노스의 이종욱 선수와 함께.

회사에서 마련하는 행사에는 가족을 초청하기도 한다. 사내 할로윈 행사에 가족과 함께 했다.

후군 같은 질환이에요. 그래서 물리치료 시설과 치료사들도 있죠. 또 실비 보험도 회사에서 일정 정도 금액을 별도로 지원해 주고 있어요. 지원 대상은 본인뿐만 아니라 가족까지 포함되고요.

　　회사 시설로는 사옥 맨 위층에 도서관이 있고, 지하에는 아주 큰 피트니스 시설도 있어요. 구내식당은 백화점의 푸드코트처럼 종류별로 나눠져 있어서 7가지 음식 중에서 골라 먹을 수 있어요. 한식, 중식, 일식, 분식에서 선택해서 먹는 거죠.

이 외에 복지 카드, 근속연수에 따른 휴가와 포상금도 있고, 엔씨 유니버시티라고 해서 마치 대학교처럼 일 년 내내 전용 강의실에서 다양한 강의가 진행되는데 선택해서 들을 수 있어요. 심지어 업무시간에도요.

편 와~ 복지가 좋네요. 다른 회사로 이직하기 싫을 것 같아요. 평균 근속연수가 어떻게 되나요?

이 정확한 기간은 잘 모르겠지만 우리 회사는 근속연수가 긴 편이에요. 제 주변에도 많은 직원들이 10년 넘게 근무하고 있죠.

워라밸은 어떤가요?

편 워라밸은 어떤가요?

이 아주 좋아요. 우리 회사는 근무시간이 법정 근무시간을 절대로 초과할 수 없도록 여러 장치를 통해서 관리하고 있어요. 그리고 몇 년 전부터는 근무시간도 각자 알아서 자유롭게 조정할 수 있도록 자율 출퇴근 제도를 시행하고 있어요. 예를 들어, 주당 40시간이 법정 근무시간이면 월요일에 4시간, 화요일에 12시간 근무하는 방식이죠.

편 자율 근무가 업무에 미치는 영향에 대한 평가가 혹시 있나요?

이 아직 측정 중이라 구체적인 성과가 수치로 나오진 않았지만 구성원들의 만족도는 상당히 높은 것 같아요. 높은 만족도는 분명히 업무에도 긍정적인 영향으로 작용했을 거라고 생각해요.

정년은 언제까지인가요?

편 정년은 언제까지인가요?

이 정년이 사규로 정해져 있지는 않아요. 게임 업계의 1세대로 일컬어지는 분들의 나이가 아직 정년을 고려할 나이가 아니기도 해요. 시간이 좀 지나봐야 적절한 정년에 대한 논의가 시작될 수 있을 것 같아요.

편 직업병이 있나요?

이 거북목 증후군이 제일 많고요. 그리고 허리 디스크, 손목 터널 증후군이 그 뒤를 이어요. 그래서 회사 병원에서 물리치료를 받는 직원들이 아주 많죠.

편 프리랜서로 일할 수 있나요?

이 계약직으로 일하는 경우는 많은데 프리랜서로 일할 수 있는 기회는 적은 편이에요. 디자인 관련 업무는 외주 작업을 하기도 하는데 프로그래밍 분야에서는 외주 업체와 작업하는 경우도 좀 드문 것 같아요.

게임개발자가 되었을 때 걱정되었던 점이 있나요?

편 게임 개발자가 되었을 때 걱정되었던 점이 있나요?

이 크게 두 가지였던 것 같아요. 하나는 내가 게임 산업을 벗어나지 못하는 건 아닌지 걱정했었고, 또 하나는 개발자로서의 수명이 일반 IT 분야의 개발자보다 짧지는 않을까 하는 걱정이었어요. 그런데 결론적으로 보면 둘 다 기우였어요.

첫 번째는 게임을 비롯한 IT 산업의 전반적인 기술이 향상되며 게임과 일반 IT 분야의 경계가 모호해지기도 했고, 게임 분야의 기술 수준이 높아서 다른 분야로 옮기는 것이 오히려 유리하게 되었기 때문이에요.

또, 개발자의 수명 문제는 외국에 백발의 프로그래머가 있는 것처럼 국내에서도 개발자들의 평균 연령이 높아지고 가장 나이 많은 사람의 연령도 계속 높아지고 있다는 사실을 확인하며 걱정하지 않게 되었죠.

게임개발자로서 가장 기억에 남는 순간은 언제였나요?

편 게임개발자로서 가장 기억에 남는 순간은 언제였나요?

이 가장 큰 실수를 했었을 때가 기억에 남네요. 지금은 서버 장비를 관리하는 조직이 따로 있지만 제가 개발자였던 시절엔 개발자들이 서버 장비까지 관리했었거든요. 그때 서버 장비가 노후화돼서 새로운 장비로 교체를 해야 하는 일이 있었어요.

노후화된 서버의 데이터를 새로운 서버로 이전하고 기존 서버의 데이터를 포맷을 한 후 장비를 반납하는 업무였는데 제가 실수로 서비스 중인 새로운 서버의 데이터를 다 날려 버린 거예요.

새로운 서버로 옮겨서 서비스한 지 5~6시간 동안의 데이터가 전부 삭제된 거죠. 게다가 그 서버는 그 당시 가장 인기 있는 게임이었기 때문에 유저가 많았거든요.

결국 그 시간에 게임을 했던 20여만 명의 유저들의 데이터가 전부 롤백(rollback)*이 되었고 엄청난 항의를 받았죠. 엎친 데 덮친

---

* 데이터베이스에서 업데이트에 오류가 발생할 때, 이전 상태로 되돌리는 것을 말한다. 후진 복귀라고도 한다.

격으로 복구도 빨리 되지 않아서 정말 힘들었어요. 지금 생각해도 아찔한 기억입니다.

<img> 듣는 것만으로도 정말 아찔하네요. 그 실수로 불이익을 받지는 않았나요?

<img> 불이익을 받지는 않았지만 처음으로 대표님과 독대를 하게 되었죠.^^ 그리고 제 실수를 알아차렸던 그 순간이 트라우마처럼 남아서 지금은 같은 실수를 다시 하지 않으려고 확인 작업을 아주 철저히 하고 있어요.

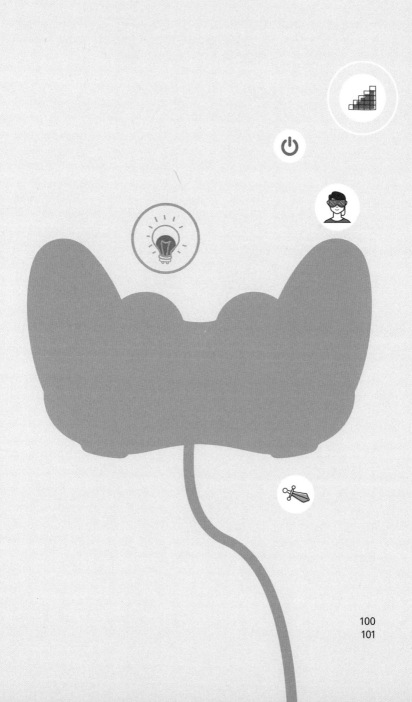

게임 회사
사람들

게임 기획자

실제 게임 제작에 들어가기 전 어떤 게임을 만들 것인지 정하고 밑그림을 그리는 사람을 말합니다. 게임의 시스템, UI, GUI, 게임에 추가할 기본적인 시나리오와 연출 구성 등을 설계하는 일을 담당해요.

크게 시스템 기획자, 콘텐츠 기획자로 나뉘지만 업무에 따라 캐릭터 기획자, 밸런스 기획자 등 디테일하게 나누기도 해요.

시스템 기획자는 게임이 어떤 방식으로 돌아갈지 규칙을 설계하는 일을 해요. 예를 들어, 강화 시스템을 만든다고 하면 성공 확률은 어떻게 할지, 강화를 할 때 필요한 재료와 금액은 어떻게 할지, 강화가 이루어진 후에 어떤 상승효과를 갖게 할지를 정하게 되죠.

콘텐츠 기획자는 게임 내 설정을 기획하고 살을 붙이는 작업을 담당해요. 예를 들어 몬스터가 등장하는 게임이라면 몬스터의 종류, 이름, 공격력, 등급 등을 설계하는 것이 시스템 기획자라면 콘텐츠 기획자는 그 시스템에 맞춰 해골, 슬라임, 오크, 골렘과 같이 사용자가 직접 만나게 될 몬스터들에 대한 설정과 데이터를 만드는 일을 하는 거죠. 게임 내의 이벤트와 그에 따른 보상들을 설계하고 게임에 등장하는 캐릭터, 퀘스트는 물론 세계관 설정과 관련된 것까지 범위가 다양해요. 시스템을 제외한 즐길 거리를 만드는 모든 일이라고 볼 수 있어요.

게임 그래픽디자이너

게임과 관련한 모든 비주얼 요소의 구상 및 제작을 담당해요. PC 게임, 네트워크 게임 등 게임용 소프트웨어 제작에 참여해 게임 시나리오작가가 구상한 내용을 컴퓨터 그래픽 프로그램 등을 이용해 게임 화면 속에 표현하는 일이죠.

게임 그래픽디자이너의 업무 중 중요한 일은 캐릭터와 게임 화면을 시각적으로 실감 나게 표현하는 일이에요. 먼저 주인공의 캐릭터를 결정하고 캐릭터의 모습과 주요 움직임, 아이템, 배경화면 등에 대한 구상과 계획을 하며 그래픽들을 계산하고 소요 시간을 파악하여 작업계획을 세워요.

게임상에 보이는 메뉴, 창, 설정 창 등의 인터페이스를 제작하며 원화가가 그린 캐릭터나 배경을 3D 프로그램을 이용하여 만들어요. 모델러가 만들어 놓은 입체물에 색감이나 질감을 입히고 반복되는 동작들을 정교화해 마법이나 기술 등 각종 효과를 제작하는 거예요. 그리고 게임이 완성된 후에는 캐릭터나 배경 등을 수정하고 보완해요.

게임 그래픽디자이너로 일하려면 게임 기획, 프로그래머, 시나리오작가 등 게임 제작 과정에 참여했던 사람들과의 원활한 의사소통이 매우 중요해요. 실제 토론을 통해 최종적으로 디자인을 완성하기 때문이죠. 또한 최신의 디자인 프로그램과 게임 기술 동향 등을 파악하고 이를 게임에 적용할 수 있어야 해요.

게임 사운드 크리에이터

게임 속 오프닝 음악을 비롯해 배경음악, 각종 효과음 등을 만들어요. 보통 방음 시설이 갖춰진 녹음실에서 제작해야 하기 때문에 대규모 게임개발사를 제외하고는 사운드 제작업체에 외주를 주는 경우가 많아요. 사운드팀이 있는 경우에도 2~3명 소규모 인원으로 운영하는 경우가 많으며 대부분 전문 제작 업체에서 활동하거나 프리랜서로 활동해요.

게임 사운드는 크게 게임 음악, 성우 녹음, 효과음 등으로 분류되는데 게임 음악의 제작 과정은 일반 음악을 작곡하는 과정과 비슷해요. 게임에 맞는 음악을 작곡, 편곡하여 녹음한 후 직접 게임에 입혀보고 제작진들의 회의를 통해 최종 완성하는 것이죠.

성우 녹음의 경우 개발사 측에서 제공한 대본을 사용하여 녹음을 하고 게임 사운드 크리에이터는 이를 편집하는 역할을 해요. 효과음은 효과음의 수와 길이를 문서화해서 게임개발사에서 제공하면 이것을 바탕으로 작업을 하게 돼요. 예를 들어, 총소리 효과음이라면 총알이 바닥에 떨어지는 소리, 벽에 부딪히는 소리 등 각각의 상황 목록을 만들어 사운드 크리에이터에게 주는 거죠.

게임 사운드 크리에이터로 일하려면 음악적 기본 지식은 물론이고, 게임을 분석할 수 있는 능력이 필요해요.

게임 마케터

게임을 보다 많은 사람들이 즐길 수 있도록 세상에 알리는 일을 해요. 구체적으로 살펴보면 다양한 분석을 통해 전체적인 마케팅 전략을 수립하고 실제 집행을 위한 크리에이티브 제작 및 매체 운영, 광고, 프로모션, 바이럴 등 실제 마케팅 액션을 집행한 후 그에 대한 결과 보고 및 대응책 마련까지 한다고 할 수 있어요. 이렇듯 마케터는 하나의 게임을 시장에서 성공시키기 위해 생각보다 다양한 일을 해요.

이러한 일들을 성공적으로 수행하기 위해 마케터에게 필요한 역량은 마케팅 콘셉트를 전달할 수 있는 커뮤니케이션 능력과 시장 및 정보 분석 능력 그리고 프로모션 및 이벤트 기획력 등이에요. 여기에 추가로 게임에 대한 폭넓은 이해와 게임을 진심으로 좋아하는 마음이 있으면 더욱 좋아요.

게임 QA

게임이 출시되기 전에 게임을 테스트하고 품질을 평가하는 사람이에요. 게임이 완성되면 직접 게임을 해보며 게임 기능과 그래픽의 오류, 조작의 어려움이나 불편 사항, 난이도 등 문제점을 분석해 기획자와 개발자에게 개선할 점을 전달하죠.

또한 처음 기획한 대로 게임이 제작됐는지 검증하고 품질을 보완, 개선할 수 있도록 다른 게임과 비교하거나 장단점을 분석하는 업무를 해요. 게임의 여러 요소를 평가하고 각 분야의 전문가들과 소통해야 하므로 기획, 그래픽, 프로그래밍 기술을 두루 이해해야 해요.

게임 회사에서는 사용자가 남기는 후기에 대해 민감하게 반응을 해요. 사용자의 반응 하나하나가 게임의 가치나 회사의 명예와 관련이 있다고 생각하거든요. 그래서 출시 전 수천, 수만 가지 테스트를 거쳐 결점이 없는 게임을 만드는 것이 게임 QA의 업무예요. QA가 결점이 없다고 판단을 내려야 게임이 시장에 출시될 수 있죠.

게임 QA는 개발자가 만든 게임을 미리 경험해보면서 개발자의 의도가 게임 속에 잘 살아 있는지 확인하는 업무이기 때문에 개발자의 생각과 다른 부분을 캐치하고 수정해서 개발자의 의도가 사용자에게 더 잘 전해질 수 있도록 하는 것이 중요해요.

게임 퍼블리셔

게임을 개발하고 나면 유통하는 것이 중요하겠죠?

대형 개발사는 자체적으로 마케팅을 하고 론칭을 할 수 있지만, 중소 규모의 회사는 대다수의 인력을 개발에 투입하기 때문에 경제적인 운영을 위해 자체적 론칭보다는 게임을 배급하고 유통하는 전문적인 회사를 통해 게임을 서비스하기도 해요. 이런 회사를 퍼블리셔라고 해요.

한마디로 게임 개발사의 게임을 받아서 유통하는 회사죠. 게임 서비스 인프라를 구축하고, 게임의 번역 및 현지화, 서버 관리, 홍보, 이벤트, 유저 관리 및 분석, 게임 시장 분석, 운영 체계 구축 등 게임의 서비스에 관련한 모든 사항들을 책임지고 운영해요.

게임 개발사는 게임에 대한 아이디어, 기획, 게임 개발 기술, 인력 등으로 게임을 개발하고, 퍼블리셔는 이렇게 개발된 게임을 개발사와 협력하여 게임 서비스에 대한 모든 환경을 갖추고 성공적인 서비스를 이끌 수 있게 하는 의무가 있어요. 개발사와 퍼블리셔 간의 협업과 노하우, 노력 등으로 게임의 서비스가 이루어지는 거죠.

게임 산업이 커지고 게임의 차별성이 중요시되면서 여러 장르를 혼합한 게임들이 출시되고 있어요. 게임을 만들기 위해서는 기존 게임에 대해 알아보는 것도 중요할 것 같아요. 게임 장르의 이름과 특징을 알아볼까요?

RPG
Role Playing game

가장 유명한 장르라 할 수 있죠. 플레이어가 게임 속의 주인공이 되어 주어진 역할을 수행하면서 다양한 퀘스트를 완료하고 캐릭터를 성장시키는 방식의 모든 게임을 총칭해요. 지금까지 많은 발전이 이루어진 장르이고 잠재력도 높은 게임계의 최고의 장르로 뽑히고 있어요.

MMORPG(Massively Multiplayer Online Role Playing Game)

말 그대로 많은 사람들이 대규모로 모여서 RPG 게임을 하는 거예요. 하나의 필드에서 다양한 사람들이 동시에 접속하여 다양한 플레이가 가능한 RPG를 말하죠. 국내 최초 MMORPG인 <바람의 나라>, 큰 인기를 끌었던 <리니지> 등이 있고, 가장 유명한 게임으로는 <월드 오브 워크래프트(WOW)>를 꼽을 수 있어요.

MORPG(Multiplayer Online Role Playing Game)

MMORPG와 비슷해 보이지만 대규모로 모일 수 없고 일정한 지역에서만 몇 명이서 모일 수 있는 RPG 게임이에요. 수십에서 수백 명이 같은 필드에서 동시에 플레이하는 MMORPG와는 다르게 5명 내외의 유저들이 한 공간에서 스테이지를 하나씩 완료해 나가는 방식의 전투가 중심인 게임을 말해요. 대표적으로는 <블레이드>, <레이븐>, <히트> 등의 액션 RPG가 있어요.

횡스크롤 RPG

캐릭터가 좌우로만 이동이 가능한 게임으로, 주로 앞으로 이동하면서 몬스터들을 공격하는 방식의 게임이에요. RPG 중에서도 쉽고, 캐주얼한 재미를 줄 수 있는 게임으로 낮은 연령층에 인기가 많아요. 대표적으로는 <메이플 스토리>, <던전 앤 파이터> 등이 있어요.

액션 RPG

RPG 게임 중에서도 타격감과 화려한 스킬을 통한 전투와 액션에 중점을 둔 게임을 말해요. 액션 RPG의 경우 앞에서 이야기한 것처럼 MORPG의 형태로 <블레이드>, <레이븐>, <히트> 및 <다크 어벤저3> 등의 게임들이 대표적이에요.

슈팅 게임
Shooting Game

게이머가 캐릭터를 조작하며 총이나 미사일과 같은 원거리 무기를 통해 적과 싸우는 형식의 게임이에요. 무기뿐만 아니라 어떤 물체를 발사해 맞추는 것을 중점으로 플레이하는 방식이라면 슈팅 게임이라고 볼 수 있죠. 슈팅 게임의 종류는 캐릭터를 조작해 전쟁을 펼치거나 비행기를 타고 적을 맞추는 등 다양해요.

FPS(First person shooter)

1인칭 시점으로 진행되는 슈팅게임을 말해요. 단순히 총 게임이 아니라 그 캐릭터의 시점에서 보이는 게임들이라고 할 수 있죠. 보통 화면에는 캐릭터의 손과 무기만 보이게 되고, 사실성이 뛰어나서 몰입도가 높다는 특징이 있

서든어택 게임 화면.

어요. 현재 대중적으로 가장 인기 있는 슈팅 게임의 장르이기도 해요. 대표적으로 <버추어캅>, <서든어택> 등이 있어요.

TPS(Thrid person shooter)

말 그대로 3인칭 시점에서 바라보는 슈팅 게임이에요. 보통 자신의 캐릭터의 뒤쪽에서 바라보는 형태로 진행이 되며, FPS보다는 몰입도가 떨어지지만 시야가 넓기 때문에 전략적인 게임의 운용이 가능하다는 장점이 있어요. 대표적으로 <기어즈 오브 워>, <맥스 페인> 등이 있어요.

기어즈 오브 워 게임 화면.

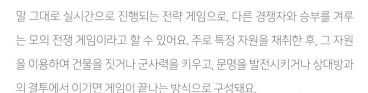

RTS
Real Time Strategy

말 그대로 실시간으로 진행되는 전략 게임으로, 다른 경쟁자와 승부를 겨루는 모의 전쟁 게임이라고 할 수 있어요. 주로 특정 자원을 채취한 후, 그 자원을 이용하여 건물을 짓거나 군사력을 키우고, 문명을 발전시키거나 상대방과의 결투에서 이기면 게임이 끝나는 방식으로 구성돼요.

RTS 게임의 큰 특징은 '실시간'과 '신속한 판단'이에요. 게임 이용자의 순간 판단이 게임의 승리 여부를 결정짓기 때문에, 유저는 재빠른 판단력과 빠른 손놀림이 요구되죠.

이처럼 RTS 게임은 치열한 두뇌 싸움과 화려한 컨트롤이 펼쳐지는 게임으로 E-스포츠 산업이 발달하는 데 지대한 영향을 끼친 종목이에요.

대표적으로 <스타크래프트>, <워크래프트 2>, <듄 2> 등이 있어요.

어드벤처 게임
Adventure Game

게임에서 문제를 해결하는 방법은 크게 두 가지로, 직접 몸으로 부딪혀서 해결하는 방법과 단서를 찾아 실마리를 풀어가는 방법이 있어요. 직접 몸으로 부딪혀서 해결하는 방법은 보통 액션 게임이라고 말하며, 단서를 찾아 실마리를 해결하는 방법은 어드벤처 게임이라고 불러요.

어드벤처 게임은 주어진 이야기를 완성하는데 그 목적이 있어요. 이를 위해서 플레이어는 주어진 단서와 도구를 가지고 퍼즐을 풀어서 난관을 돌파하죠. 과거의 어드벤처 게임에서는 특수한 상황을 만들어서 플레이어의 행동에 제한을 건 뒤에 난관을 극복하도록 유도하는 방식을 많이 사용했어요.

옛날의 어드벤처 게임은 마치 유저가 탐정이 된 것처럼 한정된 공간에서 탐색과 힌트를 획득하고 다음 장소로 이동하고 퍼즐을 푸는 형식이었다면 요즘에는 어드벤처 게임이라고 해도 RPG 게임이나 액션 게임과 합쳐진 형태가 많아요.

대표적으로 어드벤처와 RPG가 혼합된 게임은 <젤다의 전설>이 있으며, 어드벤처와 액션이 혼합된 게임은 <툼레이더>가 있어요.

시뮬레이션 게임
Simulation Game

가상 세계, 즉 가상 게임을 말해요. 현실과 비슷한 환경을 구현해서 간접으로 체험을 누릴 수 있게 만든 게임이죠. 처음에는 자동차 운전이나 전쟁 모의 게임 등의 교육적인 목적으로 개발이 되었지만, 장르가 많이 변화하면서 순수하게 즐기기 위한 오락으로써의 시뮬레이션 게임이 등장하기 시작했어요. 규칙이나 진행 방식으로 구분을 하는 다른 장르의 게임과는 다르게 시뮬레이션 게임은 얼마나 사실적 인지로 장르를 구분해요. 그렇기 때문에 스포츠 게임, 레이싱 게임, 전략 게임 등 다른 게임 장르와의 경계가 불분명하다는 특징이 있어요.

그런데 시뮬레이션 게임에서 말하는 사실성은 그래픽적인 부분에서의 표현과는 달라요. 아무리 뛰어난 그래픽으로 사실과 흡사하게 만들었다고 하더라도 게임의 내용이 실제로 일어날 수 없는 것을 표현했다면 시뮬레이션 게임이라고 할 수 없죠. 반대로 그래픽은 엉성하지만, 그 내용이나 구조가 현실적인 설계를 갖추고 있다면 시뮬레이션 게임이라고 말할 수 있어요.

건설, 경영 시뮬레이션(CMS)

게임에서 제한된 자원이나 시간을 활용해서 도시, 정부, 건물 등을 운영하는 게임을 말해요. 대표적인 건설 게임으로 <심시티>가 있어요. 1989년 출시된 심시티의 선풍적인 인기로 건설, 경영 시뮬레이션의 기틀이 잡혔죠. 롤러코스터 타이쿤, 풋볼 매니저, 프로야구 매니저 역시 대표적인 건설, 경영 시뮬레이션 게임에 들어가요.

육성 시뮬레이션

살아있는 생명체를 보살피는 게임이라고 보면 돼요. 대표적으로 <심즈>가 있어요. 심즈는 가상의 인간인 심즈를 유아부터 성인까지 성장시켜 개인적인 성취를 이루게 하는 게임이에요. 플레이어가 어떻게 심즈를 교육하느냐에 따라서 심즈의 인생이 바뀔 수 있으며, 게임상에서 죽을 수도 있죠.

운전 시뮬레이션

자동차, 비행기, 선박 등 다양한 탈것을 그대로 재현하는 게임이에요. 보통 운전자의 시점에서 진행이 돼요. 비행 시뮬레이션 게임은 항공사나 군대에서 훈련용 교재로 활용되기도 해요. 대표적인 비행 시뮬레이션 게임으로는 플라이트 시뮬레이터가 있어요. 운전 시뮬레이션은 실존하는 것을 바탕으로 만든 게임이기에 사실성을 중요시해요. 그렇기 때문에 카트라이더 같은 경우는 운전 시뮬레이션 게임이라고 부르지는 않아요.

액션 게임
Action Game

액션 게임은 독립된 게임의 장르가 아니라 화면 속의 캐릭터를 조종하여 장애물이나 적 혹은 문제가 되는 요소를 해결해 나가는 것을 위주로 하는 게임을 말해요. 과거의 게임 화면은 2차원 평면에서 3차원 공간으로 변경이 되었고, 이에 따라 플레이어가 구사할 수 있는 기능이나 동작이 다양한 형태로 발전이 되었어요.

대표적인 2차원 액션 게임은 <슈퍼마리오> 시리즈와 <스트리트 파이터 2>가 있고, 3차원 액션 게임으로는 <툼레이더> 시리즈와 <철권> 시리즈 등이 있어요.

AOS
Aeon of Strife

일반적으로 게임 장르의 명칭은 게임의 특징을 대변하는 경우가 많지만 AOS 는 예외예요. 'Aeon of Strife(영원한 투쟁)'라는 명칭만으로는 어떤 게임을 이야기하는 것인지 알 수 없기 때문이죠. 한국에서는 AOS를 주로 사용하지만 해외 게임사들은 MOBA(Multiplayer Online Battle Arena), ARTS(Action Real Time Strategy), Hero Brawler 등으로 칭하는 경우가 많아요. 이처럼 하나의 장르로 정해진 것이 아니라 명칭이 많은 이유는 AOS가 신생 장르이기 때문이에요. AOS 게임은 여러 장르가 복합되어 있기 때문에 정확히 정의를 내릴 수 없지만 유저가 하나의 캐릭터를 조종하여 상대와 경쟁해 성장하거나 본진을 파괴하는 게임들을 AOS 장르에 넣고 있어요. 사실 AOS는 스타크래프트에서 제일 먼저 선보였다고 할 수 있죠. 그리고 현재 가장 성공한 AOS 게임 중 하나는 바로 <리그 오브 레전드(LOL)>라고 할 수 있어요.

캐주얼 게임
Casual Game

남녀노소 모두 편하게 누구나 쉽게 즐길 수 있는 게임을 말해요.

레이싱 게임

이동 수단을 타고 타인과 경주를 즐기는 방식이에요. 자동차부터 말·비행기 등 다양한 이동 수단을 타고 게임을 즐길 수 있죠. 특히, 현실에서 구매하지 못하는 고가의 이동 수단을 게임 내에서 소유할 수 있다는 점도 이 장르의 매력 중 하나예요. 이로 인해 등장하는 이동 수단에 따라 게임을 선택하는 게이머도 있을 정도죠. 대표적인 게임으로는 <그란 투리스모>, <니드 포 스피드>, <마리오 카트> 등이 있으며, 주로 자동차 레이싱 게임이 인기가 많아요.

스포츠 게임

말 그대로 야구·축구·농구·골프 등 스포츠를 즐기는 장르예요. 스포츠가 중점인 게임인 만큼 대중화된 종목일수록 인기가 많아요. 선수로 플레이하는 방식부터 감독이 돼 팀을 컨트롤하는 등 여러 가지 방식으로 진행돼요. 시즌에 따라 인기의 변화가 심한 점이 특징이에요. <메이저리그 베이스볼>, <피파>, <위닝 일레븐>, <풋볼 매니저> 등이 이에 속해요.

퍼즐 게임

구성된 조작을 맞춰 나가는 형식의 게임을 말해요. 블록을 맞추는 것부터 색 깔 · 숫자를 동원하는 것 등 다양한 형태가 있어요. 주요 게임은 테트리스와 핵사 · 스도쿠 류의 게임 등이 이에 속해요. 최근에는 다른 장르 게임의 미니 게임 형식으로도 많이 활용되고 있어요.

아케이드 게임

쉽게 말해서 오락실 게임들이에요. 갤러그부터 시작해서 철권까지 역사가 깊 고 고연령 층에서도 즐겨 하는 대중적인 장르죠. 유명한 게임들이 많고 많지 만 아케이드 계의 전설, <테트리스>가 대표적이에요.

개발 용어와
친해지기

검색 엔진 최적화(Search Engine Optimize)

줄여서 SEO. 웹 페이지를 구글 등 검색 엔진이나 포털사이트의 기준에 맞춰 구성하는 작업이다. 사람들이 많이 검색할 만한 관련 키워드를 배치하고, 웹 표준을 지키며, 스팸으로 분류되지 않게 하는 등 웹 페이지 링크가 더 많이 노출되도록 처리한다. 온라인 마케팅의 필수 요소로도 꼽히는데, SEO가 잘 적용된 웹 페이지는 검색 시 상단에 오를 수 있기 때문이다.

관계형 데이터베이스(Relational DataBase)

줄여서 RDB. 데이터베이스에서 키(key)과 값(value)의 관계(Relationship)로 이루어진 표(table)로 데이터를 구성하는 방식이다. 오라클(Oracle), MySQL, Microsoft SQL Server 등 가장 널리 쓰이는 데이터베이스 관리 시스템이 관계형 데이터베이스 모델을 따르고 있다.

기술 부채(Technical Debt)

불확실한 업무, 촉박한 일정에 맞춰 제한된 방법으로 개발을 진행하면서 문제점이 누적된다는 관점이다. 프로젝트에 대해 정리된 문서를 마련하지 못하거나, 조악한 코드로 작업을 계속하게 되거나, 자동화할 수 있는 일에 대한 자동화 처리를 해놓지 않는 등 다양한 상황에서 기술 부채가 쌓일 수 있다. 마치 이자가 붙듯이 시간이 지나면 지날수록 해결이 까다로워지는 만큼 말 그대로 기술적으로 빚을 지는 셈이다. 하지만 완전히 피할 수는 없는 일이니만큼 무작정 나쁘다고 보기보다는 관리할 수 있는 선에서 기술 부채를 유지하고 작업을 추진해나가는 게 필요하다.

깃(Git)

컴퓨터 파일의 변경사항을 추적하고 여러 명의 사용자들 간에 해당 파일들의 작업을 조율하기 위한 분산 버전 관리 시스템이다. 소프트웨어 개발에서 소스 코드 관리에 주로 사용되지만 어떠한 집합의 파일의 변경사항을 지속적으로 추적하기 위해 사용될 수 있다. 기하학적 불변 이론을 바탕으로 설계됐고, 분산 버전 관리 시스템으로서 빠른 수행 속도에 중점을 두고 있는 것이 특징이다.

깃허브, 깃헙(Github)

깃을 기반으로 소스 코드를 온라인에 저장하고, 공유할 수 있게 하는 소스코드 관리 서비스이다. 언제 어디서나 깃허브를 통해 협업 프로젝트를 쉽게 관리할 수 있으며, 뷰(Vue.js), 도커(Docker), 판다스(Pandas) 등 전 세계의 다양한 오픈소스 프로젝트가 깃허브를 통해 공개되고 있다. 개발 직군에서 취업하거나 이직할 때 깃허브 계정 링크를 제출하는 경우도 상당수다.

데이터베이스(Database)

줄여서 DB. 여러 사람이 공유하여 사용할 목적으로 체계화해 통합, 관리하는 데이터의 집합이다. 작성된 목록으로써 여러 응용 시스템들의 통합된 정보들을 저장하여 운영할 수 있는 공용 데이터들의 묶음이다.

데이터베이스 관리 시스템(Database Management System)

말 그대로 데이터베이스를 통해 데이터를 저장, 수정, 추출할 수 있도록 관리하는 프로그램이다.

도메인(Domain)

넓은 의미로는 네트워크상에서 컴퓨터를 식별하는 호스트명을 가리키며, 좁은 의미에서는 도메인 레지스트리에게서 등록된 이름을 의미한다. 숫자로만 이루어진 IP와 달리 'Talkshow.com'과 같이 문자로 지정된 인터넷 주소다.

동기 방식(Sync.) vs. 비동기 방식(Async.)

동기 방식(Synchronous)은 기능에 대한 요청을 보내고 응답을 받아야만 동작이 순차적으로 처리되는 방식이며, 반대로 비동기 방식(Asynchronous)은 요청을 보내는 순서와 상관없이 동작이 처리되는 방식이다.

동적 웹 페이지(Dynamic Web Page)

정적 웹 페이지와 반대로, 서버에 저장된 데이터를 그대로 보여주는 것이 아니라 스크립트를 통해 가공을 거쳐 출력하는 웹페이지를 말한다. 즉 사용자의 인터랙션에 따라 같은 페이지라도 각기 다른 결과를 받아볼 수 있게 된다. 매번 새롭게 정보가 갱신되는 게시판이나 SNS처럼 결과가 그때그때 바뀌는 것은 모두 동적 웹이다.

디버깅(Debugging)

디버깅 또는 디버그(Debug). 컴퓨터 프로그램 개발 단계 중에 발생하는 시스템의 논리적인 오류나 비정상적 연산(버그)을 찾아내고 그 원인을 밝히고 수

정하는 작업 과정을 뜻한다. 일반적으로 디버깅을 하는 방법으로 테스트 상의 체크, 기계를 사용하는 테스트, 실제 데이터를 사용해 테스트하는 법이 있다. 단순히 버그를 없애는 것뿐만 아니라 문제가 발생한 근본적인 원인을 찾아 해결하는 과정이다.

라이브러리(Library)

프로그램을 개발하는 데 필요한 여러 기능을 활용할 수 있도록 묶어놓은 함수 또는 기능의 집합이다. 프레임워크가 개발을 제어하는 틀거리를 제공해 준다면, 라이브러리는 도서관에서 책을 빌리듯 개발자가 필요한 기능을 마음대로 가져다 쓸 수 있는 일종의 모음집에 가깝다. 즉 정해진 방식으로 개발을 하도록 정해주는 프레임워크와 달리 제어권이 개발자에게 주어지는 셈이다.

리눅스(Linux)

1991년 리누스 토르발스가 발표한 유닉스에 기반을 둔 개인용 컴퓨터 공개 운영 체제이다. 서버 개발 및 구축, 슈퍼컴퓨터, 임베디드 기기, 스마트폰 OS 개발 등 다양한 용도로 활발하게 사용되고 있다.

리팩토링(Refactoring)

이미 완성된 코드의 구조를 개선하는 일. 결과값은 바뀌지 않지만, 코드 내부를 뜯어고쳐 다른 사람이 이해하기 쉽고 간결하게 만드는 행위. 때문에 버그를 고치거나 새로운 기능을 만드는 건 아니지만, 코드의 생산성을 높이고 유지 보수를 쉽게 만들어준다.

리포지터리, 레포지토리(Repository)

데이터 집합체가 보관되고 조직적인 방식으로 유지되는 컴퓨터 저장 장치 내에 있는 핵심 주요 장소를 뜻한다. 깃허브를 통해 개인 또는 팀을 위한 공개/비공개 리포지터리를 무료로 만들 수 있다.

마크업 언어(Markup Language)

태그 등을 이용하여 문서나 데이터의 구조를 명기하는 언어의 한 가지이다. 태그는 원래 텍스트와는 별도로 원고의 교정부호와 주석을 표현하기 위한 것이었으나 용도가 점차 확장되어 문서의 구조를 표현하는 역할을 하게 되었다. 이러한 태그 방법의 체계를 마크업 언어라 한다. 프로그래밍 언어와는 다르며, HTML, CSS, XML이 대표적인 마크업 언어다.

멀티스레드(Multi Thread)

하나의 프로그램에 동시에 여러 개의 일을 수행할 수 있도록 해주는 것이다. 프로세스 내에 있는 각각의 스레드가 프로세스 메모리를 공유하기 때문에 자원을 절약할 수 있고, 스레드 간 정보교환이 쉽다는 장점이 있다. 대부분의 최신 운영체제는 멀티스레드 프로그래밍을 지원하며, 시스템 개발, 서버 개발, 응용 프로그램 개발 등 다양한 작업에 쓰이는 기술이다.

모달 창(Modal Window)

UI 디자인 요소로, 웹페이지나 프로그램 화면에서 대화상자 형태로 나타나는 창을 말한다. 팝업(Pop-up) 창과 비슷하지만, 브라우저를 새로 띄우는 팝업과 달리 같은 창 내부에서 상위 레이어를 띄우는 방식이다. 모달창은 제거하지 않아도 페이지를 이동하면 자연히 사라진다.

반응형 웹(Responsive Web Design)

적응형 웹과 달리 하나의 레이아웃이 웹 브라우저에 맞춰지는 형태로, 웹 브라우저의 가로폭이 바뀔 때마다 페이지 내에 있는 콘텐츠의 크기와 배치도 자동으로 맞춰진다.

백엔드 개발자(Back-end Developer)

프론트엔드 개발자의 반대 개념으로, 웹 서비스의 뒷단(Back-end)을 담당하는 개발자를 뜻한다. 주로 유저에게 보이지 않는 DB와 API로 이루어진 서버 영역을 관리, 개발하는 역할을 한다.

버그(Bug)

소프트웨어가 예상하지 못한 잘못된 결과를 내거나, 오류가 발생하거나, 착오나 오작동이 발생하는 등의 문제를 뜻한다. 버그는 프로그램의 소스 코드나 설계 과정에서의 오류 때문에 발생한다.

브라우저 캐싱(Browser Caching)

웹 페이지에 방문했을 때 페이지를 이루는 이미지나 HTML, CSS 문서 등 일부 데이터를 사용자의 PC에 저장해둔 뒤, 페이지를 재방문했을 때 서버에 요청할 필요 없이 PC에 저장했던 데이터를 불러오는 캐싱 기술이다.

서버(Server)와 클라이언트(Client)

두 개의 컴퓨터 프로그램 사이에 이루어지는 역할 관계를 나타내는 것이다. 외부에 필요한 서비스를 제공하도록 만든 컴퓨터나 프로그램 영역을 서버라고 한다면, 여기에 접속해 서비스를 요청하고 제공받는 유저가 클라이언트가 된다.

세션(Session)

웹 브라우저를 통해 서버에 접속해 브라우저를 종료하기 전까지 한 브라우저를 통해 사용자가 요청하는 상태 정보를 서버에서 일정하게 유지하는 기술을 말한다. 한 사이트 내에서 페이지를 이동할 때마다 로그인이 끊기지 않도록 하는 게 대표적인 예다.

스레드(Thread)

프로그램을 실행하는 하나의 프로세스(Process) 내에서 실제로 작업을 처리하는 주체를 뜻한다. 모든 프로세스는 반드시 한 개 이상의 스레드를 가진다.

스택오버플로, 스택오버플로우(Stack Overflow)

개발자들이 프로그래밍을 하다 막히거나 할 때, 프로그래밍에 대한 질문을 하고 답변을 받는 사이트이다. 이름은 프로그래밍 과정에서 데이터가 할당된 메모리 공간을 초과할 때 발생하는 동명의 오류에서 따온 것이다. 개발자 사이에선 '원인을 알 수 없는 버그가 발생하면 스택오버플로를 뒤져보라'는 말까지 돌 정도로 잘 알려진 사이트다.

알고리즘(Algorithm)

수학과 컴퓨터 과학, 언어학 또는 관련 분야에서 어떠한 문제를 해결하기 위해 정해진 일련의 절차나 방법을 공식화한 형태로 표현한 것이다. 계산을 실행하기 위한 단계적 절차를 의미한다. 프로그래밍 언어를 통해 알고리즘을 프로그램으로 만들어가는 작업을 프로그래밍이라고 한다.

에러(Error)

유저가 입력한 내용이 잘못됐을 때 발생하는 문제이다. 잘못 짠 코드처럼 내부 문제로 예상하지 못한 문제가 일어나는 버그와 달리, 외부에 있는 유저가 오탈자를 내거나 띄어쓰기를 실수하는 등 내부에서 정한 형식을 따르지 않을 때 주로 발생한다. 예를 들어 숫자만 적도록 되어 있는 주민번호 입력창에 영어 알파벳을 적는다면 에러가 일어날 수 있다.

예외(Exception) 처리

실행 흐름상 오류가 발생했을 때 오류를 그대로 실행시키지 않고 오류에 대응하는 방법을 제시하는 개념이나 하드웨어 구조를 의미한다. 일반적으로 프로그래밍에서 프로그램이 실행 중 특정 문제가 발생했을 때 다른 처리 방식으로 흐름을 옮기는 개념으로 사용한다.

오픈소스(Open Source)

누구나 제한 없이 쓸 수 있는 소스 코드 혹은 소프트웨어를 뜻한다. 오픈 소스로 배포된 코드는 열람, 수정, 복제, 재배포 등이 자유롭다. 우리나라에서는 공공데이터 포털 사이트를 통해 공개된 오픈 API를 내려받을 수 있다.

웹 접근성(Web Accessibility)

누구에게나 평등한 웹 환경을 구성하는 요소. 웹 표준을 지킴으로써 장애를 가진 사람, 고령자, 어린이 등이 다른 유저들과 마찬가지로 웹에서 제공하는 정보를 원활하게 이용할 수 있도록 보장하는 것.

웹 퍼블리셔(Web Publisher)

디자인 시안에 맞춰 웹 화면을 구현하는 웹 퍼블리싱을 담당하는 직무로 우리나라에서 주로 쓰이는 용어다. 프론트엔드 개발에서 웹 화면과 관련한 시각적인 면을 담당하는 개념을 떼놓은 것이라 할 수 있다. 디자인은 물론 웹 표준과 호환성을 고려해 코딩을 진행하고, 디자이너와 프론트엔드 개발자 사이에서 의견을 조율하기도 한다. 마크업 언어인 HTML, CSS를 다루기 때문에 마크업 개발자라고도 한다. 같은 퍼블리셔라고 해도 회사마다, 담당하는 사람마다 맡은 일의 범위가 다르다. 어떤 회사에서는 프론트엔드 개발자가 퍼블리싱까지 담당하지만, 웹 퍼블리셔를 따로 두거나 디자이너가 웹 퍼블리싱까지 맡는 경우도 많다.

유닉스(Unix)

기계어에 가까운 언어인 어셈블리어로 개발한 컴퓨터 운영 체제이다. 주로 서버 개발이나 시스템 개발에 쓰이며, mac OS나 리눅스, 안드로이드 등 오늘날 많은 운영 체제의 원형이 되었다.

인터랙티브 웹(Interactive Web)

단순히 만들어진 이미지나 데이터를 보여주는 형태에서 벗어나 실시간으로 데이터를 입력하고 활용할 수 있도록 인터페이스를 통해 사용자와 호흡할 수 있는 홈페이지를 말한다. 웹 페이지 내의 콘텐츠가 클릭, 스크롤, 입력 등 사용자의 동작에 따라 상호작용한다.

인터프리터(Interpreter)

컴파일러를 거쳐서 기계어로 변환되지 않고 바로 실행되는 프로그래밍 언어를 말한다. 반대로 반드시 기계어로 컴파일되어야만 실행시킬 수 있는 언어를 컴파일 언어라 한다. 한 줄씩 코드를 실행해내려가기 때문에 실행 속도는 느리지만 디버깅은 쉽다. Javascript, JAVA, Python, PHP 등이 인터프리티드 언어에 속한다.

임베디드 시스템(embedded system)

특정 제품이나 솔루션에서 주어진 작업을 수행할 수 있도록 추가로 탑재되는 시스템을 말한다. 일반적인 PC가 다양한 목적에 따라 범용적으로 쓰인다면 임베디드 시스템은 각종 가전제품, ATM, 개표기, 키오스크 등 특수한 목적에 따라 기능을 수행하도록 제작된다. OS는 보통 간소한 형태로 탑재되거나 생략되며, 낮은 전력으로도 정교한 기능을 실시간으로 처리할 수 있게 하는 것이 핵심이다.

자료 구조(Data Structure)

데이터를 효과적으로 접근할 수 있도록 만들어진 데이터 체제로, 코드상에서 자료를 저장하는 방법, 자료끼리의 관계 등을 구조적으로 표현하는 방식이다. 어떤 자료구조를 쓰느냐에 따라 코드 효율이 달라진다.

적응형 웹(Adaptive Web Design)

미리 웹 브라우저가 스마트폰, PC, 태블릿 등과 같이 기기별로 레이아웃을 여러 개 정해놓고 그 디바이스에 최적화된 디스플레이에 맞는 웹을 보여주는 디자인 방식을 의미한다.

정적 웹 페이지(Static Web Page)

서버에 미리 저장된 데이터를 그대로 불러오듯 전달하는 웹 페이지를 말한다. 서버의 데이터가 바뀌지 않는 한 모든 사용자는 늘 고정된 웹페이지를 받아보게 된다. 주로 서비스 소개 페이지처럼 내용이 자주 변경되지 않는 경우 정적 웹 페이지를 이용하는 경우가 많다.

캐시(Cache)

데이터베이스, 서버, 세션 관리 등 다양한 장치에서 널리 쓰이는 개념으로, 사용자가 데이터에 빠르게 접근할 수 있도록 데이터를 임시로 저장해둔 장소이다. 이를 활용하는 것을 캐싱이라고 하며, CDN 역시 웹 콘텐츠를 캐싱한 데이터를 사용자에게 전달함으로써 데이터를 더 빠르게, 더 많이 전송하는 기술이다.

커밋(Commit)

아직 저장되지 않은 데이터를 데이터베이스(DB)에 저장하고 트랜잭션을 종료시키는 것으로 트랜잭션을 제어하는 명령어 중 하나이다. 게임을 플레이하다가 세이브 파일을 남기는 것처럼, 커밋을 생성하면 커밋한 시점의 작업 변경 이력을 저장할 수 있다.

컴파일러(Compiler)

사람이 이해할 수 있는 고급 프로그래밍 언어로 작성한 코드를 컴퓨터가 처리할 수 있는 기계어로 한꺼번에 번역하는 과정을 컴파일이라고 하는데, 이때 쓰이는 프로그램 또는 시스템이 컴파일러다. 수정이 까다롭지만 프로그램 실행 속도가 빠르다는 장점이 있다. C, C++이 대표적인 컴파일드 언어다.

코딩 컨벤션(Coding Convention)

여러 개발자가 협업하는 과정에서 서로의 코드를 파악하고 관리하기 쉽도록 일관적인 스타일을 유지하게끔 하는 코드 작성 규칙이다. 띄어쓰기나 들여쓰기, 함수나 변수의 이름을 지정해 주는 방법 등 정해진 코딩 컨벤션을 준수해야 한 프로젝트 안에서 통일된 코드를 짤 수 있다.

쿠키(Cookie)

웹 서버가 브라우저에게 지시하여 사용자의 로컬 컴퓨터에 파일 또는 메모리에 저장하는 작은 기록 정보 파일이다. 브라우저에 ID나 암호를 저장하거나, 사이트 방문 기록을 저장하는 데 주로 쓰인다.

쿼리(Query)

데이터베이스나 파일의 내용 중 원하는 내용을 검색하기 위하여 몇 개의 코드(code)나 키(Key)를 기초로 질의하는 것을 말한다. 관계형 데이터베이스에서 데이터를 요청하고 관리하기 위해서는 특정한 구조의 프로그램 언어를 사용해야 하는데 이러한 데이터베이스용 언어를 SQL(Structed Query Language)이라고 한다. SQL 언어로 관계형 데이터베이스에서 데이터를 조회, 추출, 조작하기 위해 쓰는 명령어 혹은 질의 자체를 쿼리라고 한다.

크롤링(Crawling)

데이터를 수집하고 분류하는 것을 의미하며, 주로 인터넷상의 웹페이지를 수집해서 분류하고 저장하는 것을 뜻한다. 엄밀히 말해, 크롤링은 데이터의 수집보다는 여러 웹페이지를 돌아다닌다는 뜻이 강하며, 데이터가 어디에 저장되어 있는지 위치에 대한 분류 작업이 크롤링의 주요 목적이라 할 수 있다.

트래픽(Traffic)

서버를 통해 전송되는 데이터의 양을 말한다. 서비스 방문자 수가 많을수록, 접속이 잦아질수록 증가한다. 트래픽이 너무 높아지면 서버가 먹통이 된다. 흔히 대학교 수강신청 날 학생들이 많이 몰려 수강신청 사이트가 '터져' 버리거나, 외부에서 많은 PC를 감염시켜 의도적으로 특정 서비스가 마비되도록 공격하는 것(DDoS) 모두 트래픽 초과와 관련이 깊다. 때문에 백엔드 개발자라면 시스템을 안정적으로 개발해 높은 트래픽에도 서비스 접근이 제한되지 않도록 유지하는 것이 관건이다.

파싱(Parsing)

구문 분석을 뜻하는 것으로 문장이 이루고 있는 구성 성분을 분해하고 분해된 성분의 위계 관계를 분석하여 구조를 결정하는 것이다. 즉 데이터를 분해 분석하여 원하는 형태로 조립하고 다시 빼내는 프로그램을 말한다. 원하는 데이터를 특정 패턴이나 순서로 추출하여 정보로 가공하는 것을 말한다.

펌웨어(Firmware)

하드웨어를 제어하는 소프트웨어를 말한다. 하드웨어가 출고될 때부터 포함되어 있는 프로그램인 만큼 하드웨어보다는 교체하기 쉽지만 일반적인 소프트웨어에 비해서는 어렵기 때문에 soft도 hard도 아닌 그 중간쯤의 firm이라는 이름이 붙었다.

풀스택(Full-Stack)

프론트엔드 개발과 백엔드 개발 영역을 통틀어 이르는 말, 혹은 모두 다룰 수 있는 개발자를 뜻한다.

프레임워크(Framework)

프로그램을 개발하기 위한 구조를 제공하는 개발 환경을 뜻한다. 코딩할 때 자주 쓰이는 여러 클래스를 프레임워크가 정해둔 흐름에 맞춰 쓸 수 있도록 지원해 주기 때문에 복잡하거나 반복되는 작업에 대한 부담을 덜어줄 뿐만 아니라 개발에 들이는 시간 대비 프로그램의 질을 높일 수 있다.

프로토콜(Protocol)

컴퓨터나 서버, 통신 장비 등 장치 사이에서 서로 통신하기 위해 미리 정해 놓은 규칙을 말한다. TCP/IP, HTTPS, HTTP 등이 모두 인터넷 프로토콜이다.

프론트엔드 개발자(Front-end Developer)

웹 브라우저를 통해 유저가 직접 마주하는 웹 서비스의 앞단(front-end)을 담당하는 개발자를 말한다. 클라이언트나 서버를 기준으로 보면 웹 페이지 화면을 비롯한 클라이언트 영역을 프론트엔드라고 할 수 있다.

플러그인(Plug-in)

어떤 특정한 기능을 해결하는 데 쓸 수 있도록 미리 만들어 놓은 코드 및 데이터의 모음을 뜻한다. 한 라이브러리나 프레임워크에서 여러 개의 플러그인을 제공한다고 볼 수 있다.

AJAX(Async JavaScript and XML)

비동기적 자바스크립트와 XML의 약자로, 한 웹페이지를 로딩할 때 페이지의 일부 데이터만을 갱신하는 웹 개발 기법을 뜻한다. 기존 웹 페이지 로딩 방식은 한 웹사이트 내부에서 페이지를 넘겨 이동할 때마다 다른 웹페이지를 통째로 불러오기 때문에 시간이 오래 걸린다는 단점이 있었다. 하지만 전체를 로딩할 필요 없이 일부분만 불러오기 때문에 웹페이지를 처리하는 속도가 빨라지고 코드의 양도 줄어든다는 장점이 있다.

API(Application Programming Interface)

응용 프로그램 인터페이스. 어떤 응용 프로그램에서 특정한 기능을 사용하기 위해 필요한 데이터를 주고받게 만든 도구나 방법을 뜻한다. API가 규격에 맞게 데이터를 요청하고 받아볼 수 있도록 하는 중간 창구 역할을 하는 셈이다. 포털 사이트가 기상 관측 기업의 날씨 정보를 받아서 내보내거나, 코로나 확진자 분포를 지도에 띄우거나, 여러 웹사이트에서 페이스북이나 카카오톡 계정을 통한 간편 로그인을 제공하는 것 역시 API를 통해 이루어진다.

CDN(Content Delivery Network)

콘텐츠 전송 네트워크. 멀리 떨어진 사용자에게 콘텐츠를 더 빠르게 제공할 수 있도록 하는 기술이다. 원 서버에서 사용자에게 직접 콘텐츠를 전송하는 대신, 사용자와 가까운 서버로 데이터를 분산시켜 제공하는 네트워크 시스템을 말한다. 다양한 콘텐츠를 전달해야 하는 서비스에서는 필수 기술이다.

DNS(Domain Name System)

호스트의 도메인 이름을 호스트의 네트워크 주소로 바꾸거나 그 반대의 변환을 수행할 수 있도록 하기 위해 개발되었다. 즉, 수많은 IP로 이루어진 도메인에 대한 이름 풀이를 대신해 주는 것이 DNS의 역할이다.

GUI(Graphic User Interface)

그래픽 유저 인터페이스. 사용자가 편리하게 사용할 수 있도록 입출력 등의 기능을 알기 쉬운 아이콘 따위의 그래픽으로 나타낸 것이다. 도스처럼 문자로 된 명령어를 입력시켜야 하는 CLI(Command-Line Interface)에 반대되는 개념이다.

HTTP(Hypertext Transfer Protocol)

텍스트 기반의 통신 규약으로 인터넷에서 데이터를 주고받을 수 있는 프로토콜이다. 이렇게 규약을 정해두었기 때문에 모든 프로그램이 이 규약에 맞춰 개발해서 서로 정보를 교환할 수 있게 되었다.

HTTPS

HTTP 프로토콜의 보안 버전이다. HTTPS 프로토콜을 사용하면 웹 사이트 사용자가 인터넷을 통해 신용 카드 번호, 은행 정보 및 로그인 자격 증명과 같은 중요한 데이터를 안전하게 전송할 수 있다.

IDE(Integrated Development Environment)

프로그램을 개발하는 데 필요한 소스 코드 작성 및 편집, 컴파일, 디버깅 등 모든 작업을 한번에 할 수 있는 통합 개발 환경을 말한다.

SDK(Software Development Kit)

소프트웨어나 시스템을 만드는 데 쓰이는 개발 도구 키트. SDK 안에는 개발에 필요한 샘플 코드, 코드 편집기 같은 툴이나 콘솔, 안내 문서, API 등이 포함된다.

UI(User Interface)

사람과 컴퓨터 시스템의 프로그램 간 상호작용을 의미한다. UI 디자인은 사용자와 컴퓨터 프로그램 간 의사소통의 효과성과 효율성을 극대화하기 위해 인간, 환경, 기술 요소를 통합하는 활동이라 할 수 있다. 즉, 사용자가 제품을 어떤 방식으로 이용하도록 시각화하는 것이다.

UX(User eXperience)

사용자가 시스템, 제품, 서비스를 직·간접적으로 이용하면서 느끼고 생각하게 되는 총체적 경험이다. 단순히 기능이나 절차상의 만족뿐만 아니라 전반적인 지각 가능한 모든 면에서 사용자가 참여, 사용, 관찰하고 상호 교감을 통해 알 수 있는 가치 있는 경험이다.

게임을 개발하려면 다양한 역할을 하는 사람들이 모여 긴밀하게 협업을 해야 합니다.

다른 역할을 이해하는 일이 처음부터 필요하지는 않지만, 게임 개발 경력이 쌓여가면서 좀 더 높은 자리에서 일을 하게 되면 그 중요성이 점점 커지게 됩니다. 게임은 창업의 기회도 많기 때문에, 어느 정도 경력을 쌓은 사람은 스타트업 기업을 만들어 자신이 그려온 게임을 만들어 내기도 합니다.

특히 이럴 때, 어떤 역할자들이 필요한지 정확히 아는 게 중요한데요, 그래야 빈틈없는 팀을 꾸려 팀을 기대할 수 있기 때문이죠. 그리고, 게임이 발전하면서 새로운 역할도 나타나고, 또 어떤 역할은 더 세분화되고 전문화 되기도 하기 때문에 그 역할들을 잘 이해하는 게 중요합니다. 내가 갖고 있는 역량과 갖춰야 할 역량을 확인해 보는 계기로 삼아도 좋을 것 같습니다.

다음 설명을 읽어보고, 게임개발팀에서 어떤 사람을 얘기하는 것인지 빈 칸에 적어보세요.

하는 일

게임을 처음 구상하는 데서 시작해 세부적인 시스템으로 세분화 하면서 기획안을 만들어 갑니다. 이 때 고려할 사항은 게임의 장르와 대상 연령층, 게임 난이도, 게임의 각종 캐릭터의 역할 및 특징도 있고 기본적인 스토리 전개를 설정하기도 합니다. 또 게임 시장 조사 등을 통해 소비자들이 좋아하고 원하는 게임이 무엇인지 파악해 게임에 적용하기도 합니다.

필요한 역량

게임을 즐기는 사람들이 무엇을 원하는지 파악해 낼 수 있는 통찰력, 새로운 게임소재를 발굴해 낼 수 있는 창의력과 기획력이 필요합니다. 게임 산업 전반에 대한 지식과 이해, 마케팅과 홍보에 대한 기본적인 지식도 있으면 더욱 좋습니다. 무엇보다, 자신의 기획안을 각 담당자들에게 설명하고, 개발 전 과정에 참여해야 하므로 원활한 의사소통을 하는 능력도 매우 중요합니다.

게임 기획자

하는 일

게임에 필요한 여러 가지 시각적인 효과를 구현하고, 게임에 쓰이진 않더라도 각종 컨셉아트나 홍보용 그림을 그리기도 합니다. 하는 일이 점점 세분화되어 가는 추세이며 대부분의 게임은 다음과 같은 일을 필요로 합니다. 게임원화 제작, 게임 일러스트 제작, 2D 그래픽 디자인 , 3D 그래픽 디자인, 애니메이션 제작 등.

필요한 역량

기본적으로 원화를 그리는 능력, 즉 분위기나 화풍을 잘 표현할 수 있어야 합니다. 게임을 구상하고 기획한 내용을 잘 이해하고 이를 캐릭터, 배경 등 필요한 요소로 창작해 낼 수 있어야 합니다. 최근에는 사용자의 편의성이 중요해짐에 따라 게임에 보이는 메뉴, 창, 설정 창 등의 인터페이스도 편리하게 사용할 수 있도록 만들어야 합니다.

게임 그래픽 디자이너

하는 일

개발언어를 사용해 설계, 그래픽, 사운드 등의 모든 업무 산출물을 묶어 하나의 게임으로 만들어 냅니다. 그렇기 때문에, 굉장히 다양한 개발업무를 담당하게 되는데, 크게는 서버/클라이언트 개발에서 시작해 게임플레이 개발, 물리엔진 개발, 그래픽/렌더링 개발, 툴 개발 등 필요에 따라 매우 다양한 산출물을 만들어 냅니다.

필요한 역량

개발언어를 능숙하게 사용하는 것은 기본이고, 다양한 알고리즘을 이해하고 활용할 수 있어야 합니다. 순수한 개발언어에 관한 역량 외에 수학과 물리 지식이 많으면 좀 더 유리할 수 있고, ICT분야는 타 분야에 비해 발전속도와 변화속도가 굉장히 빠르기 때문에, 이런 기술적인 변화를 빠르게 캐치하고 개발업무에 적용시킬 수 있는 능력도 점점 더 중요해 지고 있습니다.

하는 일

게임의 오프닝 음악을 비롯해 배경음악과 각종 효과음을 만들어 냅니다. 게임음악의 중요성이 날로 높아지므로 직접 작곡과 편곡한 곡을 만들어야 할 때도 있습니다. 그리고 게임에는 성우가 녹음한 음성도 많이 쓰이기 때문에 음성 데이터를 편집하기도 합니다.

필요한 역량

게임 음향에 대한 높은 이해와 기본적으로 작곡과 편곡능력이 필요합니다. 게임을 분석해 음악으로 표현할 수 있는 음악적 분석 및 표현능력이 필요하며, 컴퓨터와 신디사이저 등 악기를 잘 다루는 능력도 필요합니다.

게임 사운드 크리에이터

하는 일

게임의 품질을 평가하고, 게임을 직접 플레이하면서 버그나 개선할 점을 찾아냅니다. 이 평가에 통과할 때까지 반복적으로 버그수정과 개선작업을 해야합니다. 개발팀이 예상하지 못한 여러 조작과 조합을 시도해서 예상과 다르게 겪게 되는 것들, 그 결과들을 취합하고 정리해 개발팀에 공유합니다.

필요한 역량

제작중이거나 완성한 게임을 플레이하고 분석해 게임의 시스템, 레벨 등의 콘텐츠가 의도대로 구현되었는지 파악할 수 있는 능력이 필요합니다.
기획내용을 이해하고 레벨디자인, 밸런스디자인의 방향성을 이해하면서 테스트 계획을 세우고 실제 테스트를 수행해서 문제점을 발견하고 개선사항을 정리할 수 있어야 합니다.

게임개발자
업무 엿보기

다음과 같은 게임을 만들려고 하는데요, 이때 클라이언트 개발자와 서버 개발자가 구현할 것들을 어떻게 분배할지를 함께 고민해 보려고 해요.

> 여러 사람이 동시에 접속해서 플레이하는 게임입니다.
> 지도 위에 유저들이 컨트롤하는 캐릭터가 돌아다니고 있습니다.
> 그런데, 캐릭터는 일정량의 부피를 갖고 있어서 다른 캐릭터와 겹쳐질 수 없습니다. 또한, 지도에는 높은 벽과 같이 올라가거나 넘어갈 수 없는 사물들도 흩어져 있습니다.

첫 번째로, 캐릭터와 캐릭터 간, 캐릭터와 높은 벽이 겹치지 않게 처리하려고 합니다. 그렇게 하려면 지도 위의 모든 캐릭터와 사물의 위치와 이동을 누군가가 체크해보고 이동을 시켜야 하는데요, 서버와 클라이언트가 이걸 어떻게 분담할 수 있을까요?

간단하게는 다음과 같은 방법을 사용할 수 있습니다.
각 방법들에서 클라이언트와 서버가 어떻게 처리하는지 살펴보겠습니다.

1. 서버가 모두 처리하는 방법

모든 캐릭터와 사물의 위치를 서버에 기록하고 업데이트 하는 방법입니다. 즉, 캐릭터는 어느 방향으로 움직이면 클라이언트는 먼저 서버에게 움직이는 방향을 알려줍니다. 그러면 서버는 그 방향에 다른 캐릭터나 사물은 없는지를 확인하고, 아무것도 없으면 움직여도 좋다는 답을 클라이언트에 보내줍니다.

그 답을 받은 클라이언트는 화면에서 캐릭터를 움직이고, 그 위치를 다시 서버에게 알려줍니다. 이렇게 하면 한 서버가 모든 요청을 순서대로 처리하기 때문에 위치가 겹치거나 할 일이 없죠.

그런데, 이 방법은 단점이 한 가지 있어요.

서버가 감당하기 어려울 만큼 많은 요청이 한꺼번에 몰리거나, 캐릭터나 사물이 엄청나게 많아서 한 번에 확인할 것들이 많다면…… 앞으로 한걸음 움직이는데 몇 초나 걸리는 일이 생길 수 있겠죠.

2. 클라이언트가 일단 처리하고, 서버가 검증하는 방법

서버가 모두 처리하는 게 느려서 플레이하기에 적합하지 않을 정도라고 생각되면, 그 역할을 클라이언트와 나눌 수도 있습니다.

캐릭터가 어느 방향으로 움직이려고 한다면, 먼저 클라이언트가 그 방향에 아무것도 없는지를 확인하고 이동을 시킵니다.

그리고 캐릭터가 어디로 이동했는지를 서버에게 알려주고 서버는 이 데이터를 받아 저장해 놓습니다. 그런데, 여러 클라이언트가 동시에 같은 장소로 움직이면, 서버는 같은 위치에 여러 캐릭터를 위치시켜야 해요. 그럴 수 없기 때문에, 서버는 다시 원래 위치로 되돌리도록 클라이언트에 요청을 합니다.

그러면 캐릭터는 몇 걸음 앞으로 걷다가 몇 초 뒤에 갑자기 원래 위치로 돌아오는 일이 생기죠.

3. 클라이언트끼리 처리하고 결과를 서버에 알려주는 방법

서버를 통하게 되면 아무래도 많은 데이터를 확인하느라 느려질 수밖에 없습니다. 그래서 클라이언트끼리 협업을 해서 처리하는 방법을 시도해 볼 수 있어요. 멀리 있는 서버와 통신하는 대신, 내 화면에 보이는 다른 캐릭터들과 통신을 하는 거죠.

나를 포함해 내 주위에 5명의 캐릭터가 있다면, 그 5명의 클라이언트가 서로 서로 데이터를 주고받아요. 그래서 내 캐릭터가 움직이려고 하면 다른 클라이언트들에게 움직이려는 좌표를 보내 5명의 화면에서 내 캐릭터가 움직이도록 하는 거죠.

그렇게 클라이언트끼리 통신을 하다가, 캐릭터가 레벨업을 하거나 사망하는 등 중요한 변경이 생기면 그 상황을 서버에게 전달해 저장합니다. 아무래도 이 방법이 속도도 빠르고 뒤늦게 문제를 발견해 뒷걸음 시킬 일도 없겠죠.

어떤가요?

이렇게 가장 간단한 움직이는 동작조차도 여러 명이 동시에 즐기는 게임에서는 오류 없이 구현하기가 쉽지 않아요. 그런데 몬스터가 등장하고, 캐릭터와 몬스터는 서로 공격도 하고, 캐릭터가 사용하는 스킬은 상대성도 있고, 좀 더 현실감을 주기 위해 주변 사물도 움직이거나 부서지게 하고, 시간이라는 개념도 넣고, 캐릭터 능력에 영향을 주는 날씨 같은 환경도 포함해야 하고…….
게임에 포함되어 있는 이런 요소들은 그 수를 헤아릴 수 없을 정도로 많아요. 데이터화하고 논리적인 명령으로 이 모든 상황을 처리하는 작업이 바로 프로그래밍이에요.

생각보다 많이 복잡하죠? 그래서 게임을 만드는 시간이 예상보다 길기도 하고, 또 버그가 생기기도 하고, 버그를 잡는데 시간이 많이 걸리기도 해요.

편 어린 시절 이야기가 궁금해요.

이 평범한 가정환경에서 자랐어요. 서울이 고향인데 아버님은 공무원이셨고 어머님은 전업주부셨어요. 3형제 중 둘째예요. 형은 저처럼 평범했는데 동생은 사고를 많이 치고 자유분방하게 학교를 다녔는데, 지금은 제일 높은 자리에서 아주 엄격하게 일을 하고 있네요.

편 어렸을 때 꿈은 무엇이었나요?

이 여러 가지가 있었는데 그중에 가장 원했던 꿈은 건축가였어요. 고등학생 때까지는 건축설계를 하고 싶었었죠.

건축가가 되고 싶은 특별한 계기는 없었던 것 같은데 그림을 그릴 때 건물을 그리는 것을 좋아했어요. 그리고 건물을 그릴 때도 완성된 건물을 보면서 그리는 것도 물론 좋아했지만, 이런 건물도 있지 않을까? 혹은 이렇게 만들면 좀 더 편하지 않을까? 상상하면서 그리길 더 좋아했던 것 같아요.

편 건축가의 꿈 때문에 이과를 선택한 건가요?

이 그렇지는 않아요. 막연하게 이과를 가야 취업에 유리하다고 생각한 것 같아요. 그리고 국어나 국사 같은 과목이 싫기도 했고요.

편 이런 시절 특별히 기억에 남는 추억이나 사건이 있나요?

이 어렸을 때 어이없는 거짓말을 했던 게 지금도 생각이 나요. 유치원 때 운동회였어요. 조별 달리기 시합을 했는데 저랑 친했던 친구들이 다 자기 조에서 1등을 한 거예요. 그런데 저는 2등을 하고 말았죠. 그게 창피했던지 어머니한테 1등 한 친구가 반칙을 해서 억울하게 2등을 한 거라고 거짓말을 했어요.

초등학교 때도 비슷한 추억이 있어요. 제가 해마다 반 대표로 계주 시합에 많이 나갔었거든요. 그런데 5학년 때는 계주 시합 반대표 선발전을 했는데 한 친구에게 계속 지는 거예요. 그게 도저히 납득이 안돼서 다시 하자고 계속 우겨서 다른 아이들이 지쳐 쓰러질 때까지 계속 달렸던 기억이 나네요.^^ 지금 생각해 보면 어렸을 때 다른 건 몰라도 운동할 때 지는 것을 굉장히 싫어했던 것 같아요.

편 중·고등학교 시절, 공부는 잘했나요?

이 초등학교 때는 공부를 잘했던 것 같아요. 그런데 중학교 입학하자마자 성적이 떨어지더라고요. 반대로 고등학교 시절엔 또 최상위 권을 유지했어요. 마치 롤러코스터 같았어요.

알고 보니 저는 공립 초등학교를 졸업하고 사립 중학교로 진

학했는데 저를 포함한 몇 명을 제외한 다른 친구들은 같은 사립 초
등학교 동기들이었더라고요. 초등학교에서 이미 선행학습을 마치
고 온 거였어요.

입학 후 첫 시험을 봤는데 중간 정도의 성적이 나왔어요. 저뿐
만 아니라 어머니도 큰 충격을 받았죠. 물론 그 후로는 성적이 계
속 오르긴 했어요.^^ 중·고등학교 때는 평범하게 공부만 해서 특
별히 기억에 남을만한 일은 없네요.

편 대학 생활은 어땠나요?

이 대학교 시절 경험의 대부분은 학교 방송국 생활이었어요. 친
한 친구가 자기 학교 방송국에 들어갔다고 하더라고요. 그 얘기를
들은 다음 날 우리 학교 방송국원 모집 공고를 본 거예요. 그래서
바로 시험을 치르고 방송국에 들어갔어요.

친구의 이야기만 듣고 방송국 생활을 하게 된 셈이죠.^^ 군대
다녀와서는 공부를 열심히 했고요.

편 다시 대학교 시절로 돌아간다면 꼭 해보고 싶은 일이 있나요?

이 지적 호기심으로 공부를 하고 싶어요. 학점을 위한 공부가 아
니라 정말 공부하고 싶은 분야를 찾아서 내 안에 내재화될 수 있는

공부를 하고 싶어요.

편 게임개발자로의 진로 결정을 언제 했나요?

이 제 전공은 토목공학이었어요. 지금은 건설환경공학으로 이름이 바뀌었더군요. 대학원에서 석사학위까지 받았는데 개발자로 진로 변경을 한다고 하니 주변의 걱정과 반대가 아주 심했죠. 그럼에도 불구하고 개발자로 진로 변경을 결정한 이유는 IT 산업 분야의 전망을 보게 되었기 때문이에요.

그때가 마침 인터넷이 활성화될 무렵이었어요. 그런 변화의 맨 앞에서 일하고 싶다는 생각도 들었죠. 그리고 프로그래밍을 하면서 이전의 전공 공부에서 느껴보지 못한 재미를 많이 느낀 점도 있는 것 같아요.

편 본인의 장점과 단점은 무엇인가요?

이 장점은 평정심인 것 같아요. 특히 문제가 생겼거나 뭔가를 빨리해야 될 때 평정심이 장점이 되는 것 같아요. 장애가 생겼을 때 평정심이 있는 사람과 없는 사람의 대처는 그 차이가 굉장히 크더라고요. 그렇지만 항상 평정심을 유지하지는 못하고요. 보통 사람들이 허둥지둥할 때 저는 그렇지는 않은 경우가 많은 것 같아요.

단점은 말이 없다는 점이죠.^^ 저는 이게 불편하지 않은데 다른 분들이 불편하게 느끼더라고요. 일을 할 때도 말이 없는 건 아니에요. 오히려 평소보다 훨씬 말을 많이 하죠. 그런데 주위에서 말이 없다고 하는 이유는 평상시에 사적인 이야기나 농담이 없어서 그런 것 같아요. 그래서인지 쉽게 다가가기 힘들다는 이야기를 듣곤 해요.

편 꿈꾸고 있던 것을 이루고 있다고 생각하세요?

이 그렇진 않아요. 꿈이 있고 꿈을 이뤄야만 가치가 있고 의미가 있다고 생각하지 않거든요. 다만 죽기 전 제가 살아온 인생을 되돌아봤을 때 후회하지 않았으면 해요. 그 후회에는 단순한 실수나 잘못은 포함되지 않아요.

실수나 잘못을 할 수는 있지만 본질적으로 충실했어야 했는데 충실하지 못하는 것들이 없었으면 하는 거죠.

편 자녀에게 권할 만한 직업인가요?

이 아니요. 지금 아이에게 게임개발자라는 직업을 권한다면 게임이 주는 유희, 크고 쉬운 성공이라는 면만 보게 될 것 같아요. 그래서 지금 권하지는 못하겠어요.

아들이 어느새 자라 중학생이 되어 철학적 질문에 대해 같이 고민하고 있다.

아이가 현재 중학교 1학년인데 사춘기여서 그런지 진지한 질문을 하더라고요. 지금은 어떤 직업을 권하기보다 아이의 철학적 고민을 같이 공감하고 싶어요.

편 앞으로의 목표는 무엇인가요?

이 조금 추상적이긴 한데요, 후회할 일을 만들지 않는 것이 목표입니다. 그리고 제 역량이 남들에게 도움이 될 만하다고 확신이 설

때, 여러 가지 방법으로 많은 사람들에게, 많은 곳에 공헌활동을 하고 싶어요.

또, 최근에 제가 좋아하는 곡을 피아노로 완주하는 것에 도전하고 있어요. 야니(Yanni, 그리스 출신의 미국 작곡가이자 피아노, 신디사이저 연주자)의 음악 가운데 한 곡을 완주하는 것도 하나의 목표예요.

편 마지막으로 게임개발자를 꿈꾸는 청소년들에게 응원의 메시지 부탁드립니다.

이 게임 개발을 하고 싶다는 목표를 가졌다면 이미 그것만으로도 충분히 박수를 쳐주고 응원하고 싶어요.

그런데 "왜?"라는 질문을 세 번 정도 자신에게 던져봤으면 좋겠어요. 게임개발자가 되고 싶은 이유가 단순히 짧은 시간에 많은 돈을 벌기 위해서인지, 대중적인 인기를 위해서인지 등을 생각해 봤으면 좋겠어요.

만약에 그렇다면 왜 큰돈을 벌고 싶은지, 왜 인기를 얻으려고 하는지 등 계속 "왜?"라는 질문을 스스로에게 던져 봤으면 좋겠어요. 그러다 보면 정말 자신이 원하는 것이 무엇인지 깨달을 수 있을 것 같아요.

그리고 목표를 이루기 위한 좀 더 세분화된 계획을 꼭 세웠으면 좋겠어요. 그 계획을 전문가에게 점검을 받으면 더 좋겠죠. 주변에 그런 분이 없다면 저에게 이메일로 연락 주세요. 제가 얼마든지 점검해 드리겠습니다.

bluerobe@naver.com

청소년들의 진로와 직업 탐색을 위한
잡프러포즈 시리즈 38

2021년 3월 5일 | 초판 1쇄
2023년 7월 25일 | 초판 4쇄

지은이 | 이홍철
펴낸이 | 유윤선
펴낸곳 | 토크쇼

편집인 | 김정희
디자인 | 이민정
마케팅 | 김민영

출판등록 2016년 7월 21일 제2019-000113호
주소 | 서울시 서초구 나루터로 69, 107호
전화 | 070-4200-0327
팩스 | 070-7966-9327
전자우편 | myys327@gmail.com
블로그 | http://blog.naver.com/talkshowpub
ISBN | 979-11-91299-04-5(44190)
정가 | 15,000원